▶很多时候，我们以为自己喜欢某件事，而事实往往并非如此。实际上，很多人并不知道自己真正想要的是什么，但却明确地知道自己不想要什么，比如贫穷，比如疾病，比如失望，比如寂寞。

▶并不是所有人都适合自己预先设计好的那条道路，强迫自己进行选择也许会成功，但这个过程并不能使你感到快乐。如果你不是特别喜欢这条特定的道路，不妨及时抽身选择更适合自己的人生规划。但不管怎样，切忌犹豫不决，当你犹豫的时候，早就被那些及早下定决心的竞争者甩在身后了。

▶选择会不会让人纠结，关键不在于有多少选型需要我们进行选择，而在于有多少信息需要我们进行处理。用最短的时间做出的选择未必是最好的，听从别人意见做出的选择也未必是最适合自己的。不要低估了自己，我们所能承受的信息量远比自己想象的要多，而我们的心态越轻松，处理起来就越容易。

▶人生中任何一个决定，无论大小，都要冒一定的风险。就好比你早上去市场看到了碧绿的黄瓜和红彤彤的番茄，犹豫一番之后，你买了番茄，然而直到吃进嘴里才发现，外表鲜艳的番茄竟然酸得难以下咽。没有办法，既然你选择了番茄，就要承担番茄有可能会酸的风险。

▶什么都想抓住的人，往往最后什么都抓不住。贪婪让我们想拥有最多，可未必每个人都有能力去支配得到的一切。当手上抓的东西过多，就会成为我们的负累，让我们越是忙碌，就越远离初心。

▶人生在世，无论顺境逆旅，谁都会有迷茫不知所措的时候——也许是得到了仍觉不足，也许是求而不得却又找不到退路。不管怎样，如果现在的一切让你感到困惑，请走那条有选择的路，努力找寻改变现状的方法；毕竟，打开心灵牢狱之门的钥匙我们只能去自己的内心寻找。

快思慢选

各种犹豫症以及如何克服选择困难

王玉秀 著

台海出版社

图书在版编目（CIP）数据

快思慢选 / 王玉秀著. —— 北京：台海出版社，

2018.3

ISBN 978-7-5168-1718-6

Ⅰ.①快… Ⅱ.①王… Ⅲ.①选择学—通俗读物

Ⅳ.①C934-49

中国版本图书馆CIP数据核字（2017）第316108号

快思慢选

著　　者：王玉秀

责任编辑：阴　鹏　　　　　　装帧设计：MM末末美书
版式设计：张丽娜　　　　　　责任印制：蔡　旭

出版发行：台海出版社

地　　址：北京市东城区景山东街20号　邮政编码：100009

电　　话：010—64041652（发行，邮购）

传　　真：010—84045799（总编室）

网　　址：www.taimeng.org.cn/thcbs/default.htm

E－mail：thcbs@126.com

经　　销：全国各地新华书店

印　　刷：天津嘉杰印务有限公司

本书如有破损、缺页、装订错误，请与本社联系调换

开　　本：150×210　1/32

字　　数：108千字　　　　　　印　　张：7

版　　次：2018年3月第1版　　印　　次：2018年3月第1次印刷

书　　号：ISBN 978-7-5168-1718-6

定　　价：32.00元

序　言

　　在日常生活中，我们会听到很多人喜欢说"我行吗？可以吗？""假如是错的，怎么办？""如果不成功，怎么办？"似乎人们总是有很多不经大脑就能脱口而出的困惑。而如果这些困惑积攒太多，以致面对选择时出现习惯性的犹豫，那我们说，你可能就患上了犹豫症。

　　犹豫症，是指一种不知道如何选择、迟疑的心理状态，具有这种心态的人，即便是做一个简单的决定都需要花费很长一段时间。然而，人类终其一生要面临无数次选择。从早餐吃什么，出门走哪条路，到要不要和TA分手，要不要接受求婚，再到要不要换一份新工作，要不要换一所新房子，等等等等，从小到大，五花八门，甚至还有很多选择是我们根本意识不到，而我们只是凭直觉下意识地作了判断。面对林林总总的选择，如果你犹豫不决，不能甚至不敢做出决定，那么，我们必定会错失很多东西，包括身体健康，以及幸福生活。

有这样一个故事，说的是一个叫奥兰多的年轻人，他曾经写过一本书，并多次将装有书的盒子送到邮局，但因为害怕被退稿，被别人嘲笑，所以在要不要寄给出版社这件事上他始终犹豫不决。于是，在几年的时间里，他不断重复这个行为，一次又一次拿着装好的书走进邮局，之后又拿着返回家里。直到有一次他因为车祸意外身亡，家人为了完成他的遗愿将书寄给了出版社，结果书籍出版之后大受欢迎，可是奥兰多却再也看不到了。

人们之所以难以做出选择，遇事犹豫不决，或者是因为不自信，所以不敢轻易做出选择；或者是因为害怕失败，害怕承担由此引发的负面影响；或者是因为贪图安逸，害怕改变，无法脱离心理舒适区，但不管怎样，人的一生不应该在犹豫与拖延中度过，这样的人生注定一事无成。不管摆在你面前的是什么，都该勇敢面对，因为只有你选择了，才会享有50%的成功概率。如果不去选择，则一切为零，连开始都没有又何谈成功。

选择无非只会带来两种结果：成功或失败。如果成功，会促使你有再次选择的信心；假如失败，也不必气馁，我们可以从失败中发现错误，反省自己，为再次选择提供可借鉴的经验，提高选择的成功率，使自己再次进步。由此看来，无论成败与否，对你来说，只要做了选择，就无所谓失败。

不要害怕做出选择，也不要总是犹豫不决，不敢向前踏出一步，因为只有去做，才有希望，才能享受到未知的精彩。要记住，只有相信自我，坚持自我，才能活出自我。

目　录

第七章　严防犹豫症，做完美的自己

第一章

面对选择，是什么让你倍感无力？

1. 犹豫症症状之一：选择拖延

拖延症，是指自我调节失败，在能够预料后果有害的情况下，仍然将计划要做的事情往后推迟的一种行为。在日常生活中，通常表现为做事拖拖拉拉，生性懒慢；这虽不能称之为病，但严重的拖延症也会对我们的身心健康造成消极的影响，阻碍个人健康发展。

目前，拖延现象已成为管理学家和心理学家研究的一个重要课题。有专家指出，拖延症已经成为一种普遍存在的现象，据调查显示，75%的大学生认为自己有时拖延，50%则认为自己一直在拖延，而习惯拖延的主要群体多为年轻人。

今日事，今日毕，这是对自我的一种要求。在教育孩子的时候，我们也喜欢这样说，今天的作业不要拖到明天去做，要不然就会阴天拖草，越拖越重。但在生活中，依然有很多人喜欢把计划好的、该做的事推后，哪怕约定时间马上就到了，还在一味拖延。而这种做法不仅会影响我们做事的心情、效率，也势必会影响到团队的合作和人际关系。

吕柠，23岁，在一家设计院工作。前不久，她的团队接到一个建设工程项目的图稿设计。施工平面图设计起来通常复杂而又烦琐，可事实上，不管是简单还是复杂的图稿，吕柠一开始总是不急，每次都要拖到最后一分钟，然后再玩命地干活。

这次的项目要做地形勘测、实地考察，而且交稿期限也很紧。起初为了更好地完成任务，吕柠还特地做了一份进度计划表。可结果，她该喝茶喝茶，该逛街逛街，眼看交稿期限快到了，她还是能在干活的时候抽空打打游戏；别的同事提醒她，她还一副"我心里有数"的样子。

结果可想而知，一直到了最后的两天，吕柠才开始急了，可即使她玩命地加班加点，甚至通宵工作，最后也没能按时完成那份图稿，拖累了整个团队的进度，大家都对她满腹怨言。

显然，吕柠就是一位典型的拖延症患者，面对休闲、娱乐和工作，她无法做出正确选择，意识不到自己该在第一时间完成哪个。当今社会，物质生活的极大丰富使我们身边的诱惑越来越多，于是人们面对选择时就有了更多拖延的理由，比如上面例子中，同事们发现吕柠每次做事前，总喜欢先去楼下买些零食或者饮料，吃点零食、泡杯茶，跟同事聊会儿天，总之，除了工作，有趣的、好玩儿的事情有很多，而工作从不会是她的第一选择。

除了无法抵挡诱惑，很多有选择拖延症的人还普遍懒散，执行力差。这类人面对选择的第一反应是抵触，打心底就不愿去做，更不愿花精力去做好；甚至认为做不好，还不如不做，浪费时间、精力，于是能拖则拖，能推则推，实在不行，就随便应付下交差。

此外，心理上的不成熟，胆小，也是导致选择拖延症的原因之一。有这种心理的人处理问题往往畏首畏尾，担心自己没有做好反而影响了工作进度，给别人带来麻烦。在工作进程中，如果受到上司的催促和指责，内心会焦虑，更担心工作失误，于是就更想逃避，这是一个恶性循环。

不要以为选择拖延只是个人习惯问题，它对一个人的影响远远大于我们的想象。选择拖延会让你感觉自己连一件小事都做不好，由此导致的挫败感日积月累会会大大影响你做事的效率和信心，于是你就会越发焦躁、沮丧；如此一来，做事的效率就会更低，甚至根本拒绝去做。一旦陷入这种恶性循环，整个人就会浑浑噩噩，对一切都失去兴趣，严重者，产生心理障碍。

要想克服选择拖延症，最重要的是时间观念的改变。为自己制定奖惩计划，还可以让身边亲近的人监督自己，将要做的事按重要和次要的顺序排好，不要在开始做之前再去选择先做哪件后做哪件，持之以恒。当你因顺利完成计划上的第一件事而获得奖励时，这种小小的激励便足以支撑你去依次完成剩下的事。慢慢地，你就会发现，面对选择时，自己不会再拖拖拉拉，而你做事成功的概率，也越来越高了。

2.犹豫症症状之二：选择障碍

选择障碍指的是在面对同样能达到目的的不同方法、途径、路线时，无法做出抉择，或者即使暂时做出决定后仍然疑虑其他的选择是不是更好，从而导致时间的浪费，精神上的焦虑。

就其实质来说，选择障碍是一种追求完美的病态心理，也是欲望无法满足的表现。人生是一个不断选择的过程，有选择就可能有冲突，每个人都想选择对自己好的，对自己来说合适的，这并没有错，可如果你总是过度追求完美，总觉得下一个才是最好的，那恐怕就要被选择障碍症缠上身了。

王婕和丈夫上个月刚买了新房，正忙着装修。选地板是装修的必备环节之一，颜色、材质、搭配……要考虑的因素很多，再加上现在的地板种类太多，所以选购的时候，真是让人看花了眼。

选了大概半个月的时间，王婕看中了一款地板，决定晚上等丈夫回家后就跟他商量定下来。可晚上回到家，她看着自己手机上拍好的地板照片，怎么看怎么觉得好像不像当初看到时那么满意了，好像颜色和自己家墙壁的颜色不是很搭，而今天新看到的另一款地板似乎要比这个合适。等丈夫下班回家，王婕把自己的顾虑跟丈夫说了，丈夫看看照片说："反正我们还没买，想换就换吧。"于是王婕第二天就兴冲冲地去了那家店打算定那款新地板。

晚上，丈夫回来后以为王婕已经定下了地板，谁知她又犹豫着跟丈夫说："不然还是再等等吧，我今天去店里的时候又发现了一种据说比这个更环保的，不然咱们再看看那个？"丈夫想想，觉得环保确实很重要，于是欣然同意，并说明天有时间，和王婕一起去看。

第二天王婕和丈夫一起来到店里，看了王婕说的那款更环保的，可是王婕看了看，又觉得颜色不如之前看过的那几款好。最后两人在导购员的推荐下，选择了另一款。可刚走出店门，王婕又后悔了，跟丈夫说："刚才的导购感觉不够专业，你发现没有，她对地板的成分了解得一点不透彻，也不能像之前的导购那样能比对不同地板的安全系数。"丈夫说觉得还可以啊，不然咱们就别挑了，就定下来吧，可是王婕坚决不同意，说："'还可以'怎么行，这是地板，可能要用一辈子呢，绝对不能马虎，一定要找到合适的。"丈夫没办法，只好又陪王婕去别的店里看，可是看了又看，王婕总能找到不满意的地方。就这样挑来拣去又过了大半个月，王婕还是决定不下来，最后，丈夫也无奈了。

从王婕的表现可以看出，她属于典型的选择障碍人群。这类人过度追求完美，以至于丧失了基本的判断能力，根本搞不清自己想要的什么，而越是搞不清，就越是怕选错，面对选择越是犹豫不决。

对于这类人来说，哪怕就算最后做出了决定，可能还是觉得自己没有选对，还是留有很多遗憾，甚至会为自己的选择而追悔莫及，心情不能完全平复，这真是一种特别糟糕的生活模式。人生路上有不同的风景，可你总是因为过度追求完美而搞得自己疲惫不堪，岂不是对美好生命的辜负？那么，我们要怎样克服选择障碍，重新寻回生活中的美好呢？

首先，你要学会从各个方面充实自己，因为能力的欠缺导致判断力的缺乏，也是诱发选择障碍症的重要原因之一。所以避免选择障碍很重要的一点就是要增长学识，增强自信，因为只有自信的人才能勇敢地做出选择。

而对于完美主义者来说，你要学会对自己放低要求，多鼓励自己，不要太苛刻。人生还有很多更重要的事情等着你去做，这里不是起点，也绝不是终点。

其实在生活中，我们每天都会遇到各种需要选择的事情。如果一件事情，你毫不犹豫地去做了，不管结局如何，我们都是成功者，因为你战胜了那个犹豫的自己。此刻成功的一小步，就是将来的一大步，勇敢地克服选择障碍，你才能享受更惬意的人生。

3. 犹豫症症状之三：选择困难

选择困难，是指一种面对选择时，无法正常做出自己满意选择的行为。这是一种选择性障碍，突出表现为自信心的缺失。

早上，我们可能会因为不知道穿什么衣服出门而纠结；中午，面对太多美食却不知道选择哪一家，解决自己的午餐问题；出门旅游，自驾游还是随团出行，哪些景点更值得一游……其实，生活中，我们无时无刻都是在做选择，一般来讲，像比较简单的吃饭穿衣出门这种选择，其实并不会带给我们太多的压力，但如果有人会因为一两次的选择不尽如人意而失去信心，那时间久了，选择困难症就会作为一种习惯在他身上扎根。

对于大多数女孩子来说，逛街买衣服，都是一件快乐的事情。可对于27岁的曼青来说，却是一件比较痛苦的事。

每次逛街，她总是先进行街道筛选，最终选择几家自己感觉还不错的店，留下来慢慢选择。这对她来说不算很难，真正难的是面对两件看中的衣服时，即使在导购员将两件衣服的优缺点说了N多遍之后，她仍不知道该买哪一件。

这件颜色鲜艳，那件款式新颖，这件更特别，那件更好搭配。选了半天，到底该买哪一件？她无法选择，最后的结果是两件都买或者都不买。更让人不可思议的是，有时候，面对同一款衣服的两种颜色，她都要犹豫老半天，不知道该如何取舍。

据曼青说，自己之前也并没有选择困难的毛病，可是有几次自己买的衣服回去后被闺蜜嘲笑了，连身边的同事也都说不好看，从那之后，她买衣服时就变得特别谨慎，总怕挑不好再被人笑话，越是怕出错，做决定就变得越困难，以至于后来这种选择困难已经变成了一种习惯。

选择困难症并不是人人都有，那么，在这种选择障碍面前，究竟什么类型的人才是"重灾区"呢？

（1）喜欢自责的人

这类人总担心因个人的草率决定给别人或团队带来不良的后果，认为那是一种不可饶恕的罪过。他们做事宗旨是"小心驶得万年船"，坚守着"冲动是魔鬼"的理论。即便经过了长时间的深思熟虑，依然不敢成功地跨出第一步。

（2）性情敏感多疑的人

这类人幻想力丰富，遇事习惯独自揣摩，不喜欢表达，学不来主动，喜欢自我纠结。因为想得比较多，所以计较得也多，做选择时就容易犹犹豫豫，下不了决心。

（3）做事没有明确目标的人

因为没有明确目标，所以并不清楚自己真正想要的是什么，遇事时自然就容易犹豫不决。他们往往一方面迫切地想要做出决定，但又觉得另一个方法可能会更好一些，迟迟下不了决心。

其实，选择是一种能力。当你因为害怕承担后果而患得患失，失去选择的主动性时，你就输在了起跑线上。这个世界本来就不完美，我们需要有勇气去接受这种不完美，才能学会更好地与这个世界相处。

对于因缺乏自信而导致的选择困难症来说，转变心态是预防和治疗的关键。也许我们的选择不那么完美，但这世间根本没有一个选择是绝对完美的。放下对生活的苛求，有时候，一点小小的冒险精神，就会给你的生活带来意外的惊喜。即便选择错了也不要后悔，只当这是在为下次的成功积攒经验。只有勇敢地相信自己，坚定自己的选择，才能做自己的主人。

4. 犹豫症症状之四：选择恐惧

有人在面对选择时会感到痛苦，甚至产生极端的恐惧感，严重者还会出现恐慌、流汗等症状，久而久之，只要面对选择，就会感到某种程度的恐惧。这种现象在心理学中被称为选择恐惧症，表现为怕承担，缺乏自立意识。

不要觉得将选择与"恐惧"扯上关系很危言耸听，在生活中，这种现象并不罕见：据相关调查显示，曾有44%的人在工作决策方面出现过"选择恐惧"，而在购物方面，这个数字攀升到了49%，对于有选择恐惧的人来说，就算是选择吃饭、逛街地点这么愉悦的事情，也变成了一种折磨。那么，选择恐惧是什么原因造成的呢？我们来看下面这个例子：

乔梁的父亲是一家公司的老板，手下管理着几百名员工。乔梁是家里的独子，从小备受宠爱，每天上学专车接送，饭来张口，衣来伸手，生活中的一切父母都会派专人为他打理好，什么都不用他操心。

几年前，乔梁大学毕业，学新闻的他没有像同学一样为了工作四处奔走，父亲直接安排他进了与自己有业务关联的一家传媒公司，还找了一名资深编辑来带他。乔梁虽然从小娇生惯养，但是性格并不骄纵，所以跟新同事们相处都很好，加上专业对口，乔梁觉得工作起来也没什么压力，什么都是顺风顺水。这种好心情一直持续到他所在的部门接到了一个大型报道的任务。

部门领导给每个人都分配了工作，乔梁也不例外。接到工作安排的乔梁兴奋不已，他知道这次任务对自己的部门和公司来说都是很重要的，而自己是入职以来头一次独立完成一项工作，他觉得展示自己能力的时候终于到了。

可是，等到真正开始工作时，乔梁才发现，一切根本不像自己想的那么简单：整理资料，寻找采访对象，拟提纲……数不清的事情等着自己一个人去做，而他根本不知道该先做什么，后做什么，生怕一步踏错，影响最后的整体效果。

巨大的压力让他不敢轻易行动，时间越紧张，他就越不敢轻易做选择，内心也就越焦虑。

乔梁迫切想要证明自己，却又担心倘若失败了，个人能力会受到质疑；而且，被父母呵护长大的他也觉得自己无法承受选择所带来的后果，所以，与其说他是对选择产生了恐惧，不如说他真正恐惧的是失败。

其实我们都知道，在成长的路上，失败是很正常的。小孩子一次考试考砸了，年轻人一次创业失败了，都没什么大不了，因为正是得益于这些失败，我们才能迅速成长。但是，对于乔梁来说，从小受到的关照让他几乎没经历过挫折，而父母的处处呵护更是让他变成了"巨婴"。温室里长大的孩子依赖性强，独立意识差，习惯了凡事有人替他打理，时间久了，便导致害怕承担责任，即便成年后，也不敢轻易做决定，怕"伤不起"。对乔梁来说就是如此，因为独立选择很难，要承担选择的失败后果更难，所以，面对选择，他只有一种感觉，那就是恐惧。

其实，恐惧并不丢人，它也是人类的一种正常情绪。面对选择感到恐惧并不可怕，可怕的是因为恐惧而迟迟不敢迈出自己的脚步。不管你想踏上的是哪一条路，最重要的就是勇敢地踏出第一步，因为你只有先上路，才能慢慢地遇到你想要的东西，包括成功。如果你的选择出了问题，不必过于担心，勇敢面对就好。会犹豫，会焦虑，是因为我们想要做到最好，不是退缩的理由。即使犯错也不必害怕，只要我们要学会思考，学会反省与慎思，勇敢前行，就能发现那个最棒的自己。

5. 犹豫症症状之五：选择纠结

人们常常会用"纠结"这个词来形容一种困惑或混乱的状态。而选择纠结，即指人们面对选择，感到内心烦扰、浮躁、烦闷的状态。很多人之所以会患上选择纠结症，大多是因为得失心过重，希望每次选择对于自己来说都是等价交换，生怕自己因选择而遭受损失。下面例子中的夏天就是一个例子。

夏天在上海一家物流公司工作了五年多。因为妻子在广州上班，为了结束两地分居的状态，从去年开始，夏天开始着手从上海物流中心到广州总部的工作调动。

因为体谅夏天的辛苦，公司领导也积极帮忙，但却迟迟没有消息。这期间，夏天的亲戚帮忙牵线，为他在潮州一家企业谋了份工程监理的工作。夏天通过了笔试，这两天就要面试。这是一家上市公司，效益不错，只是潮州离妻子工作的地方有些远，往返不是特别方便。

面对两种选择，夏天犹豫了。

一方面，自己这几年在物流公司做得有声有色，经过这段时间的运作，不久后还很可能会调到总部工作，既可以解决与妻子两地分居的问题，自己将来也能有更好的发展。而且，自己在公司已经积累了一定的人脉，公司领导为自己的调动又帮了很多的忙，如果匆匆离开，不仅有忘恩负义之嫌，还会损失这些人脉。

而另一方面，潮州这家公司待遇比现在的公司好很多，但是，如果去了那里，自己就要一切从零开始；面对陌生的环境，如果做得好，那自然不用说，但是如果做得不好，那之前自己在原公司的一切业绩、人脉不就白白损失了？可真要说不去，如果自己没能调回广州总部，那再找待遇这么好的工作机会可就难了。

因为怎样选择都无法确保得失平衡，夏天整个人陷入了纠结状态，整天心浮气躁，工作时也无精打采。

最后，夏天没能通过潮州公司的面试，留在了原公司；而他之前打算跳槽的事也闹得尽人皆知了，再回到公司的夏天发现，同事和领导对他明显冷淡了许多。

因得失心重而导致的选择纠结，其实说白了就是贪念作祟。《战国策》里曾有这样一个故事，说齐国有一位漂亮姑娘，城中东西两家同时来求亲，东面人家富有可是儿子貌不惊人，西面人家家贫但儿子一表人才。他的父母也左右为难，不知该如何选择，所以就把决定权交给这位姑娘，对她说，如果你选东家就露一下左胳膊，选西家就露一下右胳膊，结果，姑娘把两个胳膊一起伸了出来。家里人都糊涂了，不知道姑娘这是什么意思，姑娘笑嘻嘻地说："我想在东面人家吃饭，到西面人家住宿。"这就是食东宿西的故事，其实想起来，夏天与这位姑娘何其相似。在他看来，最佳的选择应该是既有潮州公司的好待遇，又不损失原公司的人脉，同时还要实现自己不再和妻子两地分居的初衷。对于这种类型的人来说，选择之所以难，不在于选择本身，而在于无法满足自己的得失心。

在生活中，可能每个人都希望自己的个人理想能得到最大化的实现，但是，这世界上并没有那么多一劳永逸的选项，那么多理想化的人生。正所谓有得必有失，如果你不能摆正心态，那无论怎么选自己都不会满意、不会甘心。

那么，我们到底该怎样做才能战胜自己的得失心，不再犯选择困难症呢？答案很简单，"问问你的内心"。弄清楚你内心的真正需求，规划自己的生活。如果实在无法抉择，可以列一个对比表，将选项的优缺点分别列出来进行对照，同时再列出自己的底线，这样你就会发现，做选择其实真的没有那么难。

第二章

一边焦虑一边犹豫，你中招了吗？

1. 犹豫症的通病：思维束缚，优柔寡断

是到大城市打拼，还是留在小城市安于现状？

想辞职，想去远方追求梦想，可是没有文凭，到底行不行？

想考研，可爸妈说先找份工作更实在，我该咋办？

两份工作，一个发展空间大，一个有稳定的收入，我该做哪种选择？

……

在人生的每个阶段，我们都要做出一些选择，每一天，我们都有可能接触到一些令我们困惑的讯息。面对这一切，有的人犹豫不决，让自己辗转难眠，痛苦不堪；有的人在困惑中煎熬，左冲右突，却总也找不到出路；有的人却能突破自我，勇

敢地奔赴远方，寻找属于自己的人生。

其实，生活就是不断地做选择，一个选择很可能就改变了你一生的轨迹。从心理学角度看，面对选择时优柔寡断，前怕狼、后怕虎，是意志薄弱的表现。其实，当你面对困境时，打倒你的不是挫折，而是你面对挫折的态度。然而人生就像喝一杯好茶，苦过之后，才是淡淡的回甘，唇齿留香。人生也是，它不会苦一辈子，你努力奔跑的时候，总有让自己怦然心动的幸福与快乐。

即便再苦再累，都要告诉自己不要放弃。只有坚持不懈地前行，才能遇见拨云见日的那一刻。那一刻，你会明白，正是那些苦难成就了自己的今天。

可惜的是，总有人在面对选择时，优柔寡断，犹豫不决，结果就像赵鑫一样，错过了好的机遇，甚至是一些可以改变人生轨迹的选择。

赵鑫起初在一家国营单位做测绘工作，作为一名普通职员，对于薪水自然不能有太多的奢望。可是随着孩子的出生，作为家里的顶梁柱，赵鑫感到了肩上的压力越来越重。在一番犹豫后，2014年，赵鑫决定辞职创业。

　　之前赵鑫就一直想做运动品牌专卖，而且也一直在做这方面信息、资料的收集。在对比了多家品牌后，他比较看中A这个品牌，觉得有前景。

　　可妻子说，现在成熟了的品牌都赚不到什么钱，而且听有些供应商说，因为供货问题，A的行情现在也不是十分稳定。听到这些，赵鑫有些犹豫，没敢立即决定。

　　经过一个人的深思熟虑后，他决定去该品牌的总部进行实地考察。结果看了一圈下来，各方面都不错，货真价实，可就在他决定加盟签约的时候，忽然收到朋友的信息，说品牌专卖加盟费高，门槛也高，并建议他说，做餐饮业不错，投入低、成本低，收入却可观。

　　创业毕竟是要砸钱的。自觉资金不那么充裕的赵鑫犹豫了，最后以有要事要处理为由，未和品牌方签订合同就匆匆回家，打算再考虑一下再做决定。

　　两个月后，又有人看好了A品牌，并向对方提出了加盟的想法。可公司规定，为了保护加盟商的利益，一个地区只能授权一个加盟商，而这个人恰好与赵鑫是同一地区的。品牌招商人员给赵鑫打了电话，希望他尽快做出决定，否则将失去加盟的最佳时机。

但是赵鑫只把对方的友情提醒看作是一种作战策略，加上工作的忙碌，以及优柔寡断的个性，赵鑫迟迟没有回复。一个星期后，当他终于下定决心加盟的时候，品牌招商人员告诉他，总部已经跟另一个人签约了。

现在，那家品牌加盟店已经在赵鑫所在地区开得红红火火，而赵鑫每次路过那家店门前都后悔不已，恨自己当初为什么要那么犹豫。

遇事犹豫，面对各种选择，无法快速而又明确地表达出自己的观点是选择犹豫症的通病。

生活中，很多人像赵鑫一样遇事犹豫不决，拿不定主意。甚至有些人每准备做一件事情之前都要先问问别人，然后才最终下定决心。但别人的选择只代表别人的想法，而不是你的实际需求。一个人需要对自己负责，如果做事总是畏首畏尾，优柔寡断，必定与成功无缘。

机不可失，时不再来，上天不会只永远眷顾你一个人。我们要勇敢地选择我们该走的路，然后向着目标努力奔跑，这样才能到达你想要的彼岸。每一次选择，就是通往彼岸的一条路，只要你勇敢地选择了，选准了一个方向，就只管上路，不要回头，总有一条路通往成功。

优柔寡断，只会让你失去不该失去的东西，这其中包括情感、机遇，还有你的美好人生。很多事情是不能等待的，需要做选择的时候，就要果断地做出决定，要不然留下的只能是遗憾。

我们每天都要做出这样或那样的选择，小到生活的吃喝拉撒睡，大到事业决策，根据各自需要，选择的难度也有所不同，所需要的时间也有长短。倘若你无法选择，就要学会听从自己的心声，并勇敢地走下去。

记住，优柔寡断只会错失良机，决定的事情就要果断地去处理。勇敢面对，坚持选择，我们才能将人生修整完满，成就未来。

不要总以为生活辜负了你什么，应该多去想想，你因犹豫失去了什么。

2. 犹豫症行为表现：懒惰倦怠，缺乏行动力

今天的成功，取决于你昨日的努力；今天的失败，则与你的各种懒惰行为分不开。上天对每个人都很公平，只要你努力过，就会有收获。无论是谁，无关乎年龄与性别，只要你去做，必定就会有所收获。

可惜的是，生活中总有人满嘴的大志向、大理想，落实到行动上，却从不肯迈出哪怕一小步：现在的事总想拖到下一刻再去做，今天的事总想拖到明天再去办，在要紧的是事面前总有无数的小事可以选择优先去做……说的和做的永远不在一个层面上。用这种方式生活的人仿佛患上了一种病，这种病会传染，病期长，甚至会伴随患者终生，而这种病的表现就是懒

散，执行力差。

其实，懒惰是每个人的共性，但如果有梦想和追求，你就不会懒，因为你会发现自己有很多事情要去做，不对梦想穷追不舍，梦想就会舍弃你。在人的一生中，失败不可怕，懒惰才是最可怕的。

懒惰是一种心理上的厌倦情绪。它的表现形式多种多样，包括极端的懒散状态和轻微的犹豫不决，而这种犹豫则潜移默化地阻碍了人对人生选择的主动性，使人无法按照自己的愿望生活、工作。

懒惰是人类的大敌，许多本来可以做到的事，都因为一次又一次的懒惰拖延，而错过了成功的机会。其实依赖心理也是懒惰的一种心理表现，依赖别人，自己不必动脑筋，费精力，不肯因独出心裁而承担责任。许多人深知懒惰的危害，但依然浑浑噩噩，得过且过，过着自认为更轻松如意的生活，比如王艳。

王艳是一位会计。月底，从接到"三天后交报表"的通知后，她就开始进入紧张状态。

第一天，王艳早早地来到办公室，坐在电脑前准备工作，可没多久就坐不住了，开始听歌，缓解心情，直到中午快下班的时候，看着眼前电脑里一片空白的表格，她开始犯愁。

"我不去吃饭了，利用午休时间做报表。"

虽然嘴上这样说，可她依然管不住自己，喝水、聊天、吃东西，一个不落。结果到了下班，电脑上只落着两行数字。

"晚上又要开夜车了。"下班时，她满脑子的懊恼。然而回到家里，吃过晚饭，看会儿电影，摆弄会儿花草，喂喂小猫，刷会儿朋友圈……一转眼就到11点了，看着开着的电脑屏幕上根本没动的报表，王艳跟自己说，熬夜对身体不好，早点睡，明天早点起再弄也是也是一样。结果，第二天到公司后，状态还是和昨天一样。

三天时间很快过去了，王艳的工作状态依然那样。看似认真地坐在电脑前，但就是没有效率。到第三天下班的时候，她才意识到，这是最后的期限，没有时间可以给她浪费了，这下王艳真的慌了，面对可能通宵也做不完的工作，想想自己可能会受到领导的训斥，害怕自己会因此丢掉工作，王艳简直悔不当初。

因为潜意识中的懒惰，王艳觉得还有时间可以自由挥霍，所以优先选择去做那些比工作更轻松的事，面对工作却犹犹豫豫，一拖再拖，结果最后弄得自己无法收场。

生活中像王艳这样的人很多，这类人很容易受到周遭环境的影响，面对选择时，懒惰、拖延的思想一直占上风，分不清轻重缓急，具体表现为：

（1）做什么事情都喜欢安排在整点，过了整点，便会等下一个整点。

（2）不规划，缺少统筹计划，不为突发事件预留时间。

（3）没有时间概念，无法快速高效地运用时间，以至于没有勇气去接受新任务和新挑战。

（4）不容许别人占用自己的时间，而自己却不珍惜时间。

（5）分不清主次。无法抵御一份新的欲望，做不到要事优先。

其实，对于很多人来说，懒惰的想法并不是一开始就有的，他们在计划开始做某件事时，往往也是信心满满的。然而，再多的计划，再多的思考，都不如你迈出脚步切实去做来得实在。而且，有些事情当你真正面对的时候，就会发现原来做起来也不是那么难。

别人已经为了梦想而雄赳赳地上路，你还留在原地浑浑噩噩，迟迟不肯行动，这样的人大多终其一生只能庸庸碌碌，两手空空。但凡有作为的人大都是勤奋之人。勤奋能塑造伟人，同时也能创造一个最好的自己。

一个人想要成功，就必须克服懒散的毛病，学会勤奋，不断地鞭策自己。一开始，或许你会觉得很难，但只要下定决心，其实也不难，勤奋与懒惰之间也只是一念之差，跨出去，就是海阔天空。

世界不会等你长大，想做的事要马上就去做。不要为懒惰找借口，也不要自欺欺人，其实你完全可以成为更好的人。

3. 犹豫症心理表现：自信心缺失，怕承担

　　生活中，有很多人总想着要改变现状，可又什么都不敢去做；总是在羡慕着别人，抱怨着自己，可事实上他们就只顾着羡慕，啥事也没干。

　　有人曾挑选了20位有10年以上工作经验的白领人士，跟他们畅谈如何创业做生意；当处于纸上谈兵阶段时，90%的人都表现的斗志激昂，胸有成竹，然后一提到开始，80%的人会马上后退。为什么会这样？经过询问，得到最多的答案是没经验、没资金、没有合适的项目、没有好的机会……可是，事实真的是这样吗？其实答案是什么，这些人心里比谁都了解。归根结底，他们是害怕失败、害怕承担风险而不敢去做。

面对选择，很多人总是会犹豫，莫名地紧张，甚至害怕，以致错失了机遇，还浪费了大把好时光。今天与明天，都会被时间变成过去，而未来还未到来，我们就已胆战心惊，这未免为时太早。眼前的绝望也不会永远持续下去，因为正如人们常说的，上帝给你关上一扇门的同时，也为你打开了一扇窗，总有更幸福的时光，会爬过窗户洒在我们的身上。其实，我们任何人都不可能预知未来，再多的担心都是多余的。面对选择，与其担心害怕，犹豫不决，还不如勇敢地踏出去，做最真实的自己。此刻除了现在，我们一无所有，所以要好好把握今天，主动出击，才能迎来更好的明天。

其实，即便是现在看似"正确"的选择，也不能保证你未来就一定顺风顺水了。因为万事万物都在变化，而能决定一切变好或变糟的，其实就是你自己。然而，如果你像下面故事中的金涛一样，连想都不敢想，更不说做了，那你又拿什么跟这个世界谈条件？

金涛做的是广告策划工作，他刚进工作室的时候头脑灵活，想法很多，经常在部门策划会议上提出一些让人眼前一亮的点子。因为表现出色，公司很快就为金涛指定了客户，由他专门负责策划方案；可真的面对客户时，金涛却突然发现自己没有灵感了，再换一个客户，还是照样。一来二去，次数多了，公司领导难免对他的能力产生了怀疑，而时间一长，频频表现失误的金涛更不敢再单独面对客户了，哪怕领导再给他机会，他也不敢接受。他甚至隐隐觉得，可能是自己选错了职业，也许自己根本就不适合做这一行，心里开始萌生退意。

其实，从当初金涛在部门会议上的表现就能看出，他并不是不适合这一行，恰好相反，他很有灵气，所以领导才会决定让他单独负责客户。实际上，造成金涛工作失误的原因不在于他的能力，而在于他的自信心。

之前虽然金涛能提出很多好的点子，但并不需要自己做决策，所以他总觉得，即使自己说错了，也还有公司领导把关，所以不会造成多大的失误。而真正一个人面对客户时，需要自己独当一面，他在内心中并未做好这个准备，不够自信，生怕自己提出的意见让客户不满，对公司造成影响；被这种思想束缚了思维，他自然也就没有多余的精力去构思什么好点子。长此以往，失去了对工作的激情，那种刚进公司的锋芒与锐气慢慢被打磨掉了。

因为惧怕选择而放弃选择，其实，发生在金涛身上的事情并不是个例。经济的飞速增长，让我们拥有了前所未有的丰富选择，但选择数量的增加未必是好事，也会让人难以招架。由于迟迟不能做决定，有些人索性放弃选择，也放弃了从选择中获益的机会。就像金涛，因为不够自信，放弃了成长的机会。要知道，每一份新的工作带来的是机遇也是挑战。有困难，说明你还有不足，这正是一个发现自身缺陷，从中吸取经验，提升自己的好机会。如果因为害怕、不自信而不敢面对，不敢尝试，甚至轻易放弃这样的机会，那你永远也得不到成长。

勇敢面对选择是希望找到一条更适合自己的路，然后勇敢地走下去。你为什么害怕？又为什么犹豫不决？它在心理上还有哪些明显特征？搞清楚，才能更有效地控制及预防犹豫症的产生。

（1）求好心理

面对多种选择，总希望得到最好的，寻求完美，如果找不到就宁愿放弃。

（2）矛盾心理

面对选择，觉得选择了一，就失去了选择二的可能，换言之也就失去了人生的另一种可能。得失心过重以致害怕选择，因为虽然不选会失去机遇，但是选了，也必然会失去另一种选择的权利；鱼和熊掌，不能兼得。

（3）敏感多疑

这类人喜欢空想、幻想，却很多事情都学不来主动承担。但当别人的意见或建议与自己的相类似时，又会怀疑怎么与自己的如此雷同，对方是否抄袭。

因太过追求完美，而不敢轻举妄动，所以想的与做的永远都不在一个层面上。

（4）固执心理

这是选择犹豫症患者的通病，固执己见，一件小事都要考虑上半天；同时大多伴有完美主义的焦虑：他们认为任何一次选择，都要尽可能完美。不肯屈就，却又找不到更好的答案。

如果我们真的因为遇事犹豫，而错失了人生重大的机遇，那真是可惜了。或许有人会说，天生我材必有用，可是，机会都是转瞬即逝的，很多机遇一旦错过就再也回不来了。

不论未来将要经历什么，人生总要勇往直前。要学会自信，走出自己的轨迹。生命的厚度取决于你对人生的态度，你学会软弱，它便还你穷困潦倒；你若学会坚强，它便回馈你更好的人生。

尽管这个世界充满了失败的可能，但也充满了成功的机遇。如果我们能与勇敢做伴，奋勇前进，那么，正如你期许的那般，美好的人生总会到来。

4. 犹豫症思维表现：莫名恐惧，井绳效应

　　曾在网上见过这样一则小故事：一位年轻人下班之后匆匆走进超市，因为家里人说晚上做菜没酱油了，让他下班后顺路买一瓶回来。结果，进了超市后，看着满满一面货架的酱油品种，年轻人傻了眼。拿起那个，又看看那个，在足足挑了半小时后，年轻人以不想拎回家为借口，一瓶都没买，默默离开了。

　　其实生活中，像故事中年轻人这样的选择困难症患者并不少见。小到挑选一瓶酱油，大到决定创业、结婚、谈恋爱，都踌躇不定，纠结不清。选择犹豫症，是思维上波动最为突出的一种病症。患上这种病的人面对选择时会异常艰难，无法正常

做出让自己满意的选择。在面对众多选择必须做出决定的时候感到恐慌、不安，甚至汗流浃背，最后还是无法选择，以致对选择产生了某程度上的恐惧。

根据相关调查数据显示，患有选择恐惧症的人中极度追求完美的人占的比例很高，他们特殊的思维方式，导致对选择、对自身极为苛刻，甚至会有类似于强迫症的表现。而这类人一旦因为之前的选择后果不理想，就会带来井绳效应，在面对选择时形成惯性恐惧思维。

张坤出生在一个农民家庭，家里土地不多，父母身体又不好。为生活所迫，张坤从小就学会了做家务、干农活，赶上农忙的时候，两人每天天不亮就下地干活，然后早饭都吃不上就要去上学，一放学又要去田里忙碌，很晚了才能回家，累得筋疲力尽。即使这样，家里的经济条件仍没有太大的改善。好在，家境的贫困并没有阻挡张坤求学上进的心，他学习很刻苦，而父母也节衣缩食供他读书，最后，张坤终于考上了大学。

上大学后的张坤在努力学习的同时，还一直做兼职，做家教、送快餐、跑业务、做柜台销售……随着兼职做得越来多，张坤不仅解决了生活上的困难，眼界也越来越开阔，想法也发生了变化：他不想再照之前设想的那样毕业之后按部就班地去公司应聘，而是打算自己创业。

大四的时候，张坤真的实现了自己的愿望，在学校门口开了间小饭馆。尽管当时身边有很多人反对，但他态度坚决，觉得这是自己梦想的第一步，一定要勇敢地迈出去。为此，他不仅花光了几年来所有的积蓄，还从同学那里借了一些钱。小饭馆刚开业时很是红火了一阵。可惜的是，毕业季事情繁多，张坤没有更多精力管理小店，不久饭店的生意就开始一落千丈，等张坤毕业后再想补救也来不及了。一年半后，小饭馆就因为经营不善倒闭了。

不过张坤并没有因此灰心，不久他又开始二次创业，卖衣服，批发鞋包，可是做了大半年，生意依然毫无起色，这下，张坤真的失望了。他心想：都说事不过三，看来自己是不适合创业的，还是老老实实找家公司上班吧。

正当他收起生意开始四处投递简历时，之前一起打工的一个学长找到了他，邀请他一起和自己合资开发一个项目。其实这个项目之前张坤曾经考察过，觉得前景很好，但是因为资金不够就放弃了；而这个学长之前也看中了这个项目，并且筹划了很久，所以，前期准备已经比较充足了。按理说，这次机会找上门，张坤应该很高兴才对，可事实上，张坤不但没有那么高兴，反而开始犹豫了。

他的确为这个项目心动，但是因为之前的两次创业失败，他早没有了当初的锐气和决心，他害怕如果这次也失败了会连手里最后的资金也保不住，害怕再过上小时候那种生活拮据的日子；他对自己已经没有了信心，只要提起创业，就会想起之前自己那两次失败的经历，然后觉得，可能自己还是应该选择去公司上班，这样至少收入稳定，自己也不至于再过得一穷二白。然而，真让他放弃这个机会，他又隐隐觉得有点不甘心。就这样，想拼一把害怕再次失败，放弃又不大情愿，张坤左右为难，不知该如何抉择。

人们常说，一朝被蛇咬，十年怕井绳，因为曾经失败过，所以对自己产生怀疑，害怕再次失败，于是不敢做出选择，甚至一旦面对选择就会感到恐惧。这就是我们所说的井绳效应对人的影响，也是很多人之所以对选择产生恐惧心理的真实原因。有这种心理的人往往是一些心智不够成熟的人，因为经历过挫折，他们习惯性地看不见希望，面对选择也总是犹豫不决。此外，还有一个原因是，他们天真地认为当下的选择是决定一切的关键，而既然自己之前走错过，那么很可能一步错、步步错。他们不敢承担选择的后果，从而让自己陷入了无限的焦虑之中。

可事实上，你并不比别人失败得更多。就像爱迪生发明灯泡，林肯两次经商两次失败，11次竞选8次失败，很多成功都是从上万次的失败中，找出答案并获得胜利的。对于胆小的人来说，失败太可怕了，内心的胆怯让他不敢去随便尝试，没有尝试就没有成功，没有成功就变得更加胆小，这是一个恶性循环，而跳出这个恶性循环的方法只有不停地尝试。这种尝试其实就是选择。也只有大胆去选择了，才会有成功的机会，而如果放弃，那一切就都是零。

而如果因为选择焦虑而影响了心理的健康，那就更加得不偿失。犯错误并不可怕，可怕的是你不敢选择，不敢去尝试，不敢去犯错。若不敢选择，就无法获得心理上的平衡，也就无法通过选择得到因选择带来的快乐。

敢于对自己的选择负责，才是一个人成熟的标志。面对选择，与其纠结，不如勇敢地去选择。什么事情都只有去做了才会有转机。而且没有一个人的人生是一帆风顺的，逆境正好可以让你快速成长。

人生到处是选择，如果你不能正视它，自然也活不出你自己的精彩。

有的人认为，人生旅途求稳，顺当是福，可殊不知，选择安逸，你将无法体会到人世间更多的美好。不经历失败，也就无法快速成长。要相信，如果生命是一次危险的旅途，那么最美的景色总在下一站。

5. 犹豫症障碍表现：追求完美，责全求备

前文中我们说过，选择忧郁症患者大多是完美主义者。他们的最大特点是事事过度追求完美，而这种欲望是建立在认为事事都不满意、不完美的基础之上的，因而这类人常常将自己陷入深深的矛盾之中。这种病态心理，最终诱发了个人行为上的选择障碍。

渴望完美是人类共有的动机之一，但过度追求完美，就会事事都想拥有最好的，甚至苛刻地认为，对任何事的选择，只有一个最完美的答案，这显然是不可能的。

面对选择，犹豫不决，其实是对自我不满的表现，是一种对不满的"投射"；这种心理在变相地折磨自己，也在帮助自

己逃避面对事实。

夏小溪在一家传媒公司工作，工作一直都很积极，但凡事就是喜欢"拖"。这个拖不是指懒惰，而是她总觉得自己的工作无法做到尽善尽美，所以不停地摸索，尝试，很多次都因为这而延误了时间。

举例来说，她若想写一篇论文，就会先收集大量资料，在尝试几种乃至十几种方案之后才去动手写。但当她开始写的时候，又会发现自己选择的方案依然有些地方不够完美。

其实任何一个方案都不可能完美无缺，可她却固执地认为肯定有更好的方案，只是她没有发现而已。于是，她就将这种方案又重新搁置，继续去寻找她认为的"绝对完美"的新方案。有时候，在寻找的过程中，可能会有其他工作插进来，手上的论文选题就又不得不放下。

长此以往，好多事情都被搁置了。

有一次，部门领导让她策划一个新选题，并给她一个星期的准备时间。可是，眼看一周时间已经过半，策划、查资料、采访虽然都已经告一段落了，但稿子还是一个字儿没写。看着空空的文档，夏小溪有点着急了，给自己下了最后通牒，一定要在两天的时间里搞定，可到了写的时候，问题又来了。

"这段写得不好，换个角度写是不是会更好？"

"这么写虽然逻辑上没有大问题，但行文上有个小缺点，会让整个方案逊色，不行！"

……

每次检查方案，夏小溪都能找到让自己不满意的地方。剩下的就是无穷无尽的修改、整理、重审，然后再修改、整理……循环往复。尽管出发点是好的，但时间是不等人的，夏小溪的做法不但得不到她想要的完美结果，也延误了交稿时间，以致遭到了领导批评。

精益求精当然是好事，但过分追求完美，反而会得不偿失。心情惴惴，压力巨大，对不完美的焦虑也让人无法获得心理上的平衡。

实际上，天下没有什么东西是"绝对完美"的，而小溪要寻找的这种状态也是不可能存在的。如果一个人一生都奔跑在寻找"绝对完美"的路上，那终将一事无成。

绝对完美主义者总是与选择障碍症相伴相随，以致事事犹豫不决。如果不能从这个怪圈里走出来，那你永远也无法令自己满意。或许有些绝对完美主义者认为，自己从没放弃过努力，只是在等待条件完全具备，然后再将它做到尽善尽美；可殊不知，在你犹豫纠结的时候，机会已经偷偷溜走了，就算下一次机会来临，你还是会因为这种心态而再次错过。

渴望选择，想通过选择证明自己，又惧怕选择，担心因选择带来的种种不完美。这种矛盾的心理只会让你身心憔悴。很多极度完美主义者并不缺少能力，但在做任何事之前，都会被追求完美的意念与冲动所牵制，从而造成选择上的障碍，无法快速、准确地做出适合自己的选择，从而达到预期的效果。

如果人的一生始终处于一种等待的状态之中，不敢去选择，总觉得条件不成熟，还有更好的在后面，那这一生注定一事无成。好时光，从不会为谁等待，机遇错失了，也就错过了一辈子。然而，你只要勇敢地踏出一步，虽不能保证一定会成功，但一定离成功更近了。

6.犹豫症情绪表现：能动力差，没主见

无论是工作、情感还是生活，我们总是被不同的选择包围着，选哪一个是正确的，选哪一个对自己更有利，人的欲望似乎永远无法被满足，而越来越多的人也因此加入了选择忧郁症患者的行列。

因为心智不够成熟，很多选择犹豫症患者时刻被他人的评价影响着，无法形成独立的看法，影响了自己对事物的判断。这类人没有自己做事的原则，别人说东，他就说东，别人说西，他也说西，毫无主见。

沈青知道自己有选择犹豫的毛病，可他怎么也改不掉，所以很多时候，为了让自己省心，他都宁愿听别人的意见；可即

使这样，有时也会带来很多麻烦。

　　有一次他去商场挑选耳机，本来去之前打定主意，要选一款材质好的，对皮肤伤害小的，可一看到柜台里看到那么多种耳机，顿时就拿不定主意了。为了尽快做决定，他决定求助导购，把自己的要求说了一下，于是，导购拿出了三款耳机，供他挑选，并为他介绍了一下这三款都是什么材质的，各有什么优缺点。沈青看来看去，还是不知道哪个更好点，最后直接询问导购，你觉得哪款更适合我呢？导购笑着说："这三款都符合您的要求。但是，为了有更好的音效体验，我建议您还要再看一下耳机插头。"说着，导购又拿出几款耳机，介绍说，这几款的插头分别镀了什么金属，厚度大约是多少，哪种厚度的音质最好。沈青觉得导购的话很有道理啊，自己买耳机是为了听音乐，音质当然很重要，于是又把注意力转移到新拿来的这几款耳机上。迟疑不定的时候，导购又建议说，还应该选择一下自己喜欢的佩戴方式，是喜欢头戴的、入耳的，还是耳塞的；听到又多了三种选择，沈青更慌了，最后，他直接让导购帮自己做了决定，买了一款镀金插头的头戴式耳机。回到家之后，他才忽然想起，对了，自己不是打算买一款材质最好的吗？可是手里这款根本不是材质最好的啊！

　　沈青因为面对选择犹豫不决，难以下定决心，于是干脆交出了自己的选择权，结果最后选择的结果反而违背了自己的初衷。

　　犹豫不仅让我们因选择而痛苦，更会让我们错过许多东西。所以，与其犹豫不决还不如痛快地下个决定，要相信自己的选择，即使这次错了，我们完全可以通过努力，让下次的选择变成正确的。难抉择，只是说明我们看重这件事，并且已经发现了需要犹豫的问题。努力，意味着我们在改进，希望自己能做到更好。如果你能一直坚持努力，那假以时日，不仅能克服遇到选择就犹豫的问题，也会让我们的人生变得更好。

　　其实，任何事情都有两面性，不要一遇到事情就犹豫，就想依赖别人。如果说你遇到问题就去问别人，那相当于将自己人生的选择权交到了别人的手上，这是对自己的不负责任。

　　事实上，依赖别人进行选择也并不一定就能让你得到满意的结果，沈青就是一个很好的例子。凡事都懒得思考，喜欢听父母的，听朋友的，听所谓的专业人士的……以为这样就能永远不犯错误，可是这样真的能永远规避错误风险吗？答案显然是否定的，沈青就是个例子。而且，就算你依赖的是你的亲朋好友，他们也代替不了你，无法完全从你的角度出发替你做出选择。

其实，失败与成功并没有绝对的区分，如果你觉得是快乐的，有所得，那就是最好的选择。因为决定去选择，你至少会有50%的成功概率，如果放弃了，那就是零。

如果你一直在空想，而不努力，那你的人生也只能徘徊在空想的世界里。因为你想的比别人多，想得到的也比别人多，可你却觉得这世间总有一个最完美的选择，所以一直在等，在寻找。可事实上，这个世界不完美，也不存在一个完美的选择；选择一个，就意味着放弃另一个，就像人生，有得到，就有失去。你不可能只得到而不失去，努力的人才有可能成为上帝的宠儿。

所以，以后不管面对怎样的事情，都要学会勇敢面对，自己拿主意，哪怕最后是错的也不要后悔。人总有错的时候，任何事情也都有第一次，所以不要怕，一切都会好起来。虽然选择是人一生最大的敌人，但也是对你努力最好的见证。

在这个个性张扬的时代，你只有勇敢地去面对生活，才能得到前所未有的话语权。我们需要增强自信，学会主动出击，才能不错失人生赋予我们的所有美好。

不舍的，仍会走；害怕的，依然会不请自来。一个人只有学会自信，才能在这个世界上活得游刃有余，再没有比自信更让人极具魅力的东西了。所有的选择，必须先去做了，才能拨云见日；很多事情也只有去做了，才能慢慢地遇到你想要的东西，领悟到很多人生的哲理。遇到选择不要犹豫，更不要因为怀疑自己，否认自己而第一时间想着去别人那里求助，只要你肯自己努力尝试，即使这个过程很艰难，你也会有所收获；也会逐渐领悟，并最终学会对自己的人生负责。

第三章

生活美好，为什么我们总在犹豫纠结？

1. 选择项越多，就越让人感到犹豫？

生活中，无论是选择事业方向，还是选择生活伴侣，无论是决定买房、卖屋还是决定旅游的安排，都需要我们去做选择。但显然，能及时做出"关键而正确的选择"并不是每个人都能做到的，它是体现个人价值的一项重要技能。

有的人说，我们是思想上的巨人，选择上的矮子；因为身处在这个复杂、多变的社会中，能迅速找出问题的关键所在，并做出正确的选择，并不是一件容易的事。去甜品店时，面对新增的20种果酱，你能轻松选出一种自己喜欢的味道吗？面对一份新的工作，你有将一切归零的勇气吗？

不得不承认，我们几乎每天都面临着"关键而正确选择"的挑战。据相关调查数据显示，有82%的受访者表示自己面临过选择难的问题，有52%的受访者表示身边选择困难的人比较多。

法国数学家施瓦茨也认为，当人们面对更多的选择时，反而不能做出明智的选择，因为我们的选择总是受到锚定效应、框架效应、可获得性启发式等心理因素的影响，而我们的主观感受也会因此而降低。

有人说，我们之所以犹豫，是希望得到更好，得到我们想要的幸福，但有些时候，更多的选择并不能带来更大的幸福，反而会让人产生压力。压力大，生活质量便会下降。

正因如此，有些心理学家才会断言，选择行为在心理上的正面效应，并非总是随着机会数量的增多而增加，而是上升到顶点后便会下跌。也就是说，随着可选机会的增加，选择带来的正面情绪在达到饱和的状态时，负面情绪就会加速增长，而当我们无法正确处理这些负面情绪时，选择就会受到限制。

那么，到底是什么限制了我们作出选择呢？

（1）机会成本

所谓机会成本，是指为了得到某种东西而要放弃另一些东西的最大价值。当我们面对多种选择机会时，选定其中一种，就注定要失去另一种可能带来的利益；尽管只是"可能"，但它的诱惑足以让你痛苦。

评估一个机会的价值，需要与其他机会相互比较。所以说，选择的机会越多，可能失去的也就越多，人的损失感就越强，因而对自我选择决定的满意程度就越低。做得好便罢，不好，还不如不做，这种想法大大削弱了人们对选择的欲望。

（2）后悔的作用

其实，当条件相当的A与B摆在你面前时，不管选择哪一个，都会有损失。人都有欲望，对那些未利用的机会免不了会感到失落，也会担心因自己的决定带来不良后果而后悔，反过来更增加了机会成本。这就造成了一种恶性循环：可选机会越多，越容易感到后悔，越计较得失，这会在无形中影响到人为选择的行动力。

完美主义的心态也是影响选择的因素，当有许多选择可供挑选时，你就会觉得其中肯定有一个是最好的选择，害怕后悔，害怕选错，由此而感到焦虑、担心。

（3）适应效应

很多人都有过这样的经历：我们原本渴望得到一件东西时，得到了会非常开心，极具满足感，可随着时间的推移，这种兴奋便会慢慢消失。心理学将这种现象称为"适应效应"，强烈的适应效应会让人觉得一生从未顺心，不曾如愿以偿。

可选机会越多，机会成本就越大，而我们在做决定的过程中所花费的时间和精力也就越多。机会成本、时间和精力也就构成了一种投资成本，成本越大，选择者自然期望得到更多的回报。若这种回报给予当事人很长时间的满足感，他便会觉得物有所值；若满足感很快消失，便会感到得不偿失，削弱了再次选择的欲望。

（4）期望值过高

所谓希望越大，失望越大，说的正是这个道理。可选机会的增加让人们错误地理解为，机会越多，享受的自由就越大，得益也越多。可事实上，任何一次选择都是以失去另一次选择为条件的，而且谁都无法保证你的选择是完美的，是绩优股。

欲望，让人喜欢上了计较，可计较得多，未必就能事事完满。也正是这种病态心理，牵制了人为的选择及行动力。犹豫不决所造成的无力感，会更大限度地影响到我们再次选择的积极性，造成恶性循环。

我们需要认清自己的需求，相信自己，相信自己的选择，只要你肯相信自己，你就是强者。

2. 你不是犹豫，只是太害怕犯错

"趁年轻，大胆去犯错！"

曾在一本书中读过这样的一句话。这里的犯错，不是指明明知道这样做是错误的，还固执地去做，而是指我们为了更好地进步而进行的大胆尝试。

为了生活而努力奔跑，即使犯错了，也比你在原地踏步强。而选择犹豫症患者的最明显特征之一就是，他们错误地认为，如果不去选择，就不会犯错。

在现实生活中，很多人因为害怕犯错，害怕失去现有的一切，甘愿放弃了选择的权利。这类人做起事来总是过分小心，从不敢越雷池半步，即便是在经过深思熟虑后所作出的决定，依然患得患失。因为缺乏冒险精神，这样的人很难有创新，对个人成长也会造成不利影响。

其实，每一次选择都是对自我的一种挑战，它将赋予我们不同的意义，美好的，痛苦的，都是一种成长与历练。一个人纵然不完美，即使会犯错，但只要敢于尝试，敢于挑战，也总是会进步；而害怕只会徒增烦躁和压力，并不能帮你解决任何实际的问题。事实上，更多时候，害怕像是一个任意反弹的弹簧，肆意地搅乱你的生活，往往你越害怕来不及，就越来不及；你越害怕事情做不好，就真的做不好。

苏菲是一个从小就很听长辈话的孩子。大学毕业后，她来到一家广告公司做策划。平时在公司里，苏菲不多言不多语，但人缘却并没有多好，因为大家普遍觉得她太过谨小慎微，相处起来很累：同事让她帮忙递支笔，她琢磨半天也不敢动弹，因为笔筒里有好几支呢，怕拿错了同事不高兴；大家一起出去吃饭，如果哪个同事晚到一会儿，绝对不能让她替没到的人点餐，因为她会一直犹豫，点这个同事不爱吃，点那个同事会嫌贵，最后，直到所有同事都来齐了，餐还没点上。总之，哪怕是芝麻大点的小事，只要事关别人，要苏菲作决定都是难上加难，生怕做得不好得罪别人。

而且，不只这些生活中的小事，在每次的部门策划会议上，苏菲也很少发表自己的意见。这也没什么，可是，当别人说出一些提议与建议时，她也不知道该去赞同还是反对，就算主管直接询问她，她也是支支吾吾，说不出所以然。最可怕的是有决议需要举手表决的时候，这会让苏菲大惊失色，哪怕所有人都在等着她投最后一票，她也迟迟做不出选择。这些做法无疑是在耽误大家的时间，降低工作效率，所以时间长了，不管是领导还是同事都难免对她颇有微词。这让苏菲感到很苦恼，其实很多时候她是想去做的，可却又不敢去做，因为怕自己做不好，别人会不喜欢，也害怕犯错会给别人带来麻烦。

这就是心理学家所说的"选择恐惧症"。引发这一症状的各类诱因中，缺乏自信是主要原因。

因为缺乏自信，所以在每一次选择的时候，最先想到的就是自己会犯错，于是陷入了恐慌。当这次选择过去之后，暗自下定决心下次一定要勇敢地去尝试，好好表现，可事实上，等下次再做选择时，只会更加犹豫不决。

人生是一条没有返程的路，不可能像删除键一样，重组美好，为此我们要更加珍惜每一次选择的机会，而每次选择不管最后带来的结局是好是坏，也都会赋予我们不同的意义。

其实，日常生活中犯错是很正常的，错误并不代表你的能力不行，很多因素都可能诱发错误的产生，我们不能因噎废食，因为害怕犯错，就不去做选择，让机遇白白地溜掉。失败是成功之母，错误也同样是进步的阶梯，没有一个人的人生是一帆风顺的。如果你错误地认为，选择原地踏步才不会犯错，那你终其一生就只能做一只井底之蛙了。你选择安逸，选择了保守，没有敢于创新的勇气，你的人生还有什么希望？

选择是一种能力，而选择自己的路，更是一种进步。即使走错了也没关系，大不了从头再来。与其在那里犹豫不决，不如面对现实，抓住机遇，做最好的自己。人生很多条路，很多种选择，也许我们无法准确判断哪种选择适合自己，也无法保证一定会成功，但只要努力，我们就已经在通往成功的路上了。

面对因为害怕犯错而导致的选择恐惧症患者，我们的建议是，要学会多思考、多尝试。当你真正去尝试的时候，就会发现做选择并不像你想得那么可怕。如果你过于看重他人对你的看法和评价，总是把别人的眼光当做自己价值的标准，不肯勇敢踏出一步，那你就失去了做人、做事的原则，只能永远活在别人的世界里。

3. 所谓选择犹豫，只是不想改变

　　一位朋友对于选择困难的看法是：说什么选择困难，其实只是你不敢接受改变而已。细想来，这话是有一定道理的。有些人之所以不敢做选择，实际上是因为害怕打破现有的平衡，但实际上，这种平衡是脆弱的，根本经不起风浪。社会发展日新月异，原地踏步在某种意义上就意味着落后，因为时代一直在进步，而若不能据此做出改变就可能无法跟上时代的步伐；而跟不上步伐的结果只有一个，那就是被淘汰。一个人，若不站起来奔跑，又怎能看见远处更美的风景？不要让这个世界等着你长大，你要学会主动出击，进行选择，打破舒适圈。

有人认为，社会的发展，物质的丰富增加了我们选择的压力，但其实真正影响我们做出选择的不是选项多，而是我们根本不想去做选择。一次选择，就意味着我们要面临一种风险，并被赋予新的责任。而有些人不敢承担这种风险与责任，因为他们担心失去现有的一切，小莫就是个例子。

小莫大学毕业后回到家乡的一家事业单位做了文员。刚开始工作时，小莫认为这份工作与自己喜欢的文字写作相关，而且又很稳定，所以比较满意，但是时间长了，小莫开始意识到这份工作并不如自己想象的那么理想。小莫现在的日常工作是替领导起草一些报告、发言稿，或者整理会议记录，这与小莫喜欢的那种原创性写作相差了十万八千里。工作了一段时间后，小莫甚至觉得自己再写别的东西时都失去了以前的"灵气"，好像思维已经被限制住了；而且，事业单位那种严肃的工作气氛也让小莫很不喜欢，总是觉得少了一些人文气息。

因为工作不顺心，小莫整天愁眉不展，身边的朋友知道原因后都劝她说，趁年轻，大可以出去闯闯，接触更多的机会才知道哪些工作更适合自己。小莫认为大家说得也有道理，而就在几个月前，新的机会居然主动找上了门。因为之前小莫常常在一家文学类网站的原创板块中发表文章，板块的负责人对小莫的写作风格很欣赏，而这次，部门正好有一个职位空缺，负责人觉得很适合小莫，于是就主动联系她，邀请她来自己这里工作。

听到这个消息，小莫身边的朋友很替她高兴，因为这个网站有一定的知名度，在很多人看来是个很好的机会，可是小莫却犹豫了：一方面，她的确想摆脱现在的工作环境；另一方面，又觉得网站的工作不如现在这份工作稳定，而且离家远了，生活成本也会上升，自己将来的生活可能就没现在这么安逸了，而且网站是私企，竞争力大，自己也不知道能不能适应那种工作环境……总之，对现有工作不满的小莫面对新的机遇与挑战反而迟迟不敢下定决心，做出选择了。然而，机会是不等人的，最后，在小莫的犹豫不决中，网站职位有了新人选；而小莫后悔莫及，却又没有勇气去找新的工作，只能继续回原单位，日复一日地做着让自己感到乏味的工作。

其实，稳定的工作从来都是相对的。而造成小莫选择困难的真正原因是她不敢接受现状的改变，害怕面对未知的挑战。

面对选择，我们的眼光不能只放在眼前，而该更多地思考自己真正想要做的是什么，想要什么样的人生。面对未来，你有权决定自己以什么方式生长，更有权决定自己成为什么样的人，所以绝对不要害怕选择，因为机遇将照亮你的无限潜能。每个人都拥有自由的选择权，挖掘出自己的潜能，创造出最大的自我价值，这才是人生最好的生活模式。

不过，尽管任何人都希望自己获得自由而又全面的发展，但在生活中，像小莫这样面对机会犹豫不决，不敢做出选择的人却不在少数：很多人对现有的工作提不起精神，想要离开，又拿不出一切归零的勇气与力量，怕"偷鸡不成反蚀把米"，各种担心和顾虑，阻碍着自己作出选择。然而，正如Facebook创始人所说，人生最大的风险就是你根本不去冒险。无论做什么选择，都是一种冒险，它意味着你将要进入一种未知的生活。可有些人却想着以不变应万变，他们害怕面对选择，确切地说是不愿接受改变，生活现状或者情感。

然而，不去经历，你怎会知道人生的美好？

路太平坦，只能带你去到平淡的地方。我们勇敢选择，带着一切归零的勇气出发，下一站一定是精彩。无论在情感上，还是工作上，任何参与过的体验都不会被浪费，它必将成就最好的你。

流水不腐，户枢不蠹，只有努力前行，才能永远保持着活力。那些不敢做出选择的人没给自己的努力留半点余地，也就失去了赢的机会。实际上，只要做出了决定，勇敢地踏出去，你就赢了！

4. 社交环境也会让你患上犹豫症？

社交环境，指我们生存范围内的社会物质条件以及精神条件的总和，包括家庭关系、社会关系以及学校里面的人际关系。

社交环境对每个人的影响都是巨大的。"孟母三迁"的故事，除了让我们感叹孟母教育方法的得当，也反映出环境对一个人成长的至关重要。而社会心理学多项研究的结果也表明，环境是影响人们心理的重要因素之一。这其中，思维的改变，是最明显，最重要的一种心理表现。

很多时候，在信息并不全面，而我们又必须作出决定的情况下，我们总是喜欢以处于同一社交环境下的他人的选择标准来作为自己的参考。每个人的思维模式都不尽相同，而这种参照行为如果经常发生就必然会引起你思维上的变化。我们常说的"近朱者赤，近墨者黑"，就是这个道理。

很多人将自己对社交环境的过度依赖解释为是为了适应环境，为了更好地生存，其实这种理解是错误的。我们无法否认社交因素对我们选择的影响，但我们不能将所有的问题都归咎于社交环境。如何更好地生存，其实是一种判断力和能力。坚持自我原则，把握主动性，对别人的意见有选择的接受才能活出让自己满意的人生。

在人生的征途上，总有一段路要一个人走，不要因害怕走弯路就盲目依赖他人，不然，你就会像王桐一样，将自己的人生活成了别人指定的模样。

王桐生活在一个典型的"专制型"家庭里，从小时候开始，小到衣食住行，大到择校就业都要听从父母的安排。

高考时王桐想报考农业大学学习园艺，但经商的父亲却为她报考了财经专业，希望她以后能女承父业；并且对她说，即便是你毕业之后暂时不想进自己家的企业，学这个专业也方便以后找个好工作。

　　王桐觉得，如果是为了家族企业，还不如让自己去学习经营管理，那样更对口。尽管她对经营管理也没什么兴趣，但至少要比每天都面对那么多枯燥的数字强。可是父亲却说："我们是过来人，吃的盐比你吃的米多，听我们的话不会有错，这是关系你一生的大事，不能由着你的性子轻易做选择！"

　　其实，王桐更喜欢花草，喜欢亲近大自然，可她也担心，如果选择农业专业的工作，那就意味着要远离城市的喧嚣与繁华，那样的生活不知道自己能不能适应。而听父亲这么一说，又觉得父亲说得也不是全无道理。他们是过来人，阅历深厚，更懂得与这个社会相处，听他们的话能少走很多不必要走的弯路；而且回去接手家族企业，也能为了减轻父母的负担，回报他们对自己的恩情。

　　最终，王桐按照父母的意愿报考了财经专业，转眼几年时间过去，现在的她早已毕业进入了家族企业；当别的同学羡慕她不用为就业奔波，而且年纪轻轻就是企业接班人的时候，王桐却觉得很迷茫。她说，自己并不知道现在的一切是不是自己想要的，唯一清楚的是，不管是否出于内心需求，她都已经把自己困在了现在的生活中，变得无法自主。

　　尽管难掩内心的无奈，但王桐却因为习惯性依赖而放弃了人生的主动权，而这样选择的结果对他显然并不那么称心如意。

　　研究表明，很多面对选择犹豫不决的人都同时兼具对社交环境过度依赖的特征，这种特征使得他们无法遵从自己的内心需求作出选择。可是，你要知道，别人就是别人，你就是你，在这个世界上，最了解你内心需求的只有你自己；所以，要坚守自己的原则，不要因为别人的态度而轻易改变自己的选择。此外，因为社交环境中人际关系往往很亲密，所以，身边的人有时也会出于担心的角度而夸大困难的难度，但你要对自己有足够的信心，如果感觉是对的，就勇敢地走下去。

　　总之，不要因为外界的种种影响，而放弃了选择的权利。因为人只有自信，才会有勇气；只有勇，才能活出自我价值。别人给你回答的并不是答案，只是个人意见；你需要亲自去选择，寻找自己的人生观。或许有人会说，我们参照别人意见与建议是为了少走弯路；但你不要忘了，任何一切困难，都是为了使你变得更强大。你也只有变得强大了，才能适应这多变的社会。

5. 认知模式会影响一个人的选择吗?

认知,是一种高级心理过程,而人的认知模式则是指人对信息的获取、处理的模式,比如通过观察力、记忆力、想象力等来辨识外界的信息,形成独立的思维模式。

受个体差异以及成长环境等多方面因素的影响,每个人的认知模式与能力大小也不尽相同,而这种不同直接影响着我们对日常生活的辨识度,和选择的主动性:有的人能够对周围环境进行分析,将认识的对象从背景中分离出来,形成自己独立的思维模式;而认知能力较差的人,则容易受外界影响,以致思维、感官出现局限性,这种局限性最明显的表现方式之一就是面对选择时的不确定。

　　叶敏在家排行老二，哥哥学习好，也很聪明，又是家里唯一的男孩，所以很受父母重视。而叶敏小时候，因为父母工作忙照顾不了两个孩子，就把她送到了乡下外婆家，请外婆帮忙照看，直到上小学时，叶敏才回到父母身边。

　　小时候的这段经历让叶敏很自卑，她一度觉得自己被送走不是因为父母没有多余的精力照顾自己，而是因为父母重男轻女。所以，从回到父母身边后，获得父母的关注与认同就成了叶敏的生活目标。

　　初中时，叶敏对语文很感兴趣，但因为期中考试英语成绩好，父母表扬了她，从此她就把时间都花在学习英语上，不再对喜欢的语文多花心思。可是到了第二学期，因为没再从父母那里听到表扬的话，叶敏就失去了往日的学习热情，英语成绩一落千丈。考大学时，她原本的志愿是做一名老师，可是，因为父母曾无意中流露出希望家里有一个孩子学医这样的想法，叶敏在填报志愿时纠结了一番后，最后还是放弃了自己喜欢的专业，选择学医。

　　大学毕业后，中医专业毕业的她，辗转就业后又做了西医方面的工作，而不论哪份工作，她都做得毫无成就感也并不出色，她一直觉得，造成这种混乱状况的原因是因为中西医差距过大，而导致自己的思维无法快速切换。可事实上，导致今天这种现状的根本原因却是个人认知能力的缺乏。

这么多年来，无论什么事，叶敏都一直不敢自己做选择。为了获取父母的爱，她事事都顺从父母的意愿。在叶敏的认知里，父母的建议就是天理，她从不会有任何违抗。她认为爱自己的父母，就要听话，她希望自己能活成父母喜欢的模样。

在让人眼花缭乱的人生选择面前，叶敏做出了消极选择——选择交出自己人生的决策权。或许叶敏比谁都明白，她的这种选择其实是为了弥补自己童年缺失的爱。对她而言，做什么选择并不重要，重要的是做什么选择才是令父母满意。

在心理学中，有一个词语叫"习惯性无助"，指的是当一个人深感无力时，会把选择权交给他人，奢望坐享其成，从而逃避可能因选择产生的责任与风险。无担当是选择困难的重要表现，而叶敏这种无担当行为，实则是个人认知的局限性造成的后果。

每个父母都很爱孩子，叶敏的父母给出建议只是供她参考，担心她做不出好选择，怕她走弯路，并没有任何强加的性质。可惜叶敏因为错误的认知而曲解了父母心意，误以为将选择权交到他们手中就是最好的选择，可事实上，这不仅是对自己人生的不负责，也是对父母心意的辜负。如果你能选择自己喜欢的人生道路，不管这条路是否平坦都勇往直前、不气馁、不退缩，那么，不管最后你能不能成功，在父母眼里，你就已经活得很精彩了；而看到你能为自己的人生做主，顺利作出自己的选择，他们也才能真正放下心来，知道你可以承担起自己的人生了。

我们虽然不见得有叶敏一样的童年经历，却也有很多人活成了叶敏这般的模样。我们不是无力去选择自己想要的人生，只是不知该如何抉择自己的命运；我们的认知能力局限了我们选择的能力，最终演变成了选择障碍。

认知，其实是对接受的信息进行加工，整理，储存，反馈的过程，要想提高我们的认知能力，就要多听、多看、多思考，多与身边的人交流，这样才不至于因接受信息时的偏差而影响我们的选择。即使这种提升并不能起到逆转命运的作用，但至少它能让我们彻底释怀，看清这个世界，听懂自己的心。

第四章

找准方法，让选择不再那么困难

1. 精简你的选项

生活中我们经常都面临着大大小小的选择，即使有些微不足道的选择可以被忽略，但有的选择，却是你不能逃避、不得不面对的。

选择，是一种勇气，更是一种能力。驾驭选择并不是每一个人都能做到的，因为我们每个人身处的环境十分复杂，会有很多因素制约着我们的大脑，影响着我们的判断。所以，我们不能保证自己的选择都是正确的，但也不能因此犹豫不决，畏首畏尾。

作为上班族，别人觉得最放松的午餐时间却是王轩最讨厌的，因为每到这个时间他就要面临各种选择。

王轩上班的公司待遇很好，公司自己就有食堂，而且菜品很丰富。这对别人来说绝对是件好事，但王轩却觉得头疼，因为太多的选择让他抓狂：炒菜吃鸡肉、牛肉还是猪肉？甜点吃冰淇淋、蛋糕还是小饼干？饮料喝可乐、雪碧还是纯净水……一起来的同事已经选好了菜品坐在一起边吃边聊天了，王轩还一个人托着餐盘在选餐区转悠，这种情况几乎每天都要上演。

经济的发展使得物质生活极度丰富，增加了选择的量数。因为选项太多，选择忧郁症患者们更加不知所措，被各种选择所累，焦虑了神经，也浪费了时间。那么，面对恼人的选择忧郁症，我们该怎么办呢？精简你的选择，对于控制犹豫症来说是一个相当有效的办法。

心理学家的研究成果显示，在选择过程中，适当精简你的选择可以节省时间和提高工作的效率，并且能够增强选择的成功性。以王轩为例，如果不知道吃什么肉类，可以想一下近期哪种肉吃得多，将这个选项剔除掉；不知道喝什么饮料，就考虑一下哪种饮料糖分高，然后将糖分高的选项剔除……以此类推，第二天再把选择条件换一下，变相地给自己缩小选择范围，这样再选择起来就会容易得多。

很多人面对"琳琅满目"的选择束手无策，于是慨叹，如果只有一个好的选择，那我们根本就不会有选择的烦恼。事实上，如果你能将自己的选择进行精简，你就会发现做选择原来并没有那么难。

心理学家曾做过这样的测试，他们发现那些知名企业的CEO们每周大约需要面对139个任务，而每个任务又由许多小的选择构成。调查发现，他们有50%的决定是他们在9分钟甚至更短的时间内做出的，只有12%的选择，用了1小时甚至更长的时间。而说起快速做选择的秘诀，有80%的CEO提到了精简选择。

众多例子表明，选择越多，对人造成的心理负担就越重，于是很多人面对选择就会越发犹豫，甚至逃避选择。那么，我们该怎样精简自己的选择呢？

（1）放弃没有用的选择

控制好选项，是精简选择的第一要素。琳琅满目的商品，会迷惑双眼，让你无法聚焦。实际上，喜欢的太多，不喜欢的也不少，所以我们需要将自己不喜欢的先删减掉。这种做法会大大减少我们选择的范围和可供选择的类型。

（2）具体化

让选择变得更真实一些。当有些选择是很抽象的时候，尽量把选项具体化。具体化的目的，是要让你知道选择后的情况。比如说，当你准备夏天去某地玩的时候，你想一下，那里6月的街头地面可以烤熟一只螺丝虾，你还有旅游的欲望吗？这样你就会立马就会知道该不该选了。

（3）分类

我们能承受的类别比选择多，分类可以将选择变得简单。拿看杂志来说，可以将杂志分成烹饪、健身、法律、心理、创业等类别，每个大类下面还可以容纳多个选项。先选合适的类别，再删删减减、勾勾画画，这样就能让你更加清晰地分拣出自己感兴趣的，最想要的。

（4）从简入繁

对于选择，逃避不能解决根本问题，我们可以从简单的选项开始，一步步来锻炼自己。对选择顺序的把控，有利于管理好个人选择的积极性、动力、精力。做出简单的选择，也是一种成功的选择，它能增强你选择的欲望，为你带来积极的影响。

快速、高效，更具立体感，以最少的时间，达到最好的目的，这是现代人最喜欢的生活方式。就像我们平时面对铺天盖地的朋友圈或者公众号推送时，很多人并不会花时间去浏览跟切身生活不太相关的事情，而是直接略过甚至选择删除一样，当太多的选择占据了你的时间，让你无所适从时，学会精简无疑能节省你的时间。

阿里巴巴抓住了人们在快节奏生活中，渴望便捷、快速的购物心理。它掌握了多数人的思维模式，通过运营，对我们的选择进行了分类排序，这就是精简。一目了然的立体效果，让我们能快速，明确地得出答案，节省了时间，减少精神上的浪费，让我们能花最短的时间，买到想要的产品，这就是阿里巴巴能成为全球最大的网上零售平台的原因之一。

有人说，我们是思想上的巨人，选择上的矮子，说的就是选择的困难性。做一种选择，不仅需要敏锐的目光，更需要挑战的能力，而能迅速找出问题的关键所在，并做出正确的选择，显然并非易事。但如果我们能通过精简与筛选，促使选择更高效地做出决定，抓住机遇，相信人生的春天很快就会到来。

面对选择，如果我们能选择用精简的方式来提高选择的效力，那这本身就是一个很好的选择。

2. 倾听自己内心的声音

有这样一个故事：一对情侣出去约会，男生问女生想吃什么，女生回答：随便；吃完饭男生问去哪里玩儿，女生回答：看你；男生觉得女生大多爱逛街，于是就和女生一起去附近的商场，两人逛着逛着，男生看到一款围巾，觉得很适合女生，想送给她当礼物，于是问她喜欢哪个颜色，女生回答：都行。男生简直哭笑不得。

女生的回答看似随意，实际上是将选择的权利交给了对方，同时也将选择带来的困难以及后果都交给了对方。这种做法会让自己获得一时的轻松，但同时，也无法享受选择所产生的快乐。

就像上文中这个女生，她放弃了选择美食的权利，就等于限制了自己对于美食的欲望，所以，也很可能无法享受到心仪的美食所带来的快乐。

做选择前心中没有目标，随便找一种代替，就无法享受那种独一无二的快感，也不会因此产生更多美好的情愫，比如开心、快乐、感动与幸福，还有温暖。可惜的是，很多人就是因为不知道自己内心真正的想法，真正的需求而变得茫然，没有方向感，所以在人生的道路上错失了很多重要的选择。

"对于清楚自己要到哪里去的人，全世界都会给他让路。"我很喜欢这句话。尽管在很多人看来，多数人的观点似乎总是对的，可实际上，选择最好的和最好的选择并不是一回事。在面临决定一个人命运走向的选择时，选择适合自己的，才是最好的。因为只有自己想要的，才能让我们投入更多的激情去实现它。

比如高考时填报志愿，它在很大程度上决定着我们未来的人生前景，是一次极为重要的选择，这时候，家人、朋友、老师……身边的很多人往往都会为我们提供建议。而实际上，别人的意见只是参考，到底如何选择我们应该多听听自己内心的声音，毕竟，只有自己才是最了解自己的。

薛洋刚刚高考完，已经开始为报考志愿、选择专业发愁了。

为了将来考虑，很多人报考时都将眼睛盯在计算机、经济管理、法律等热门专业上，这样的专业好就业，也容易赚钱。可是薛洋喜欢历史，所以想报考古专业，他想近距离地认知那些文物遗产与资料，探究人类的过去；可是薛洋身边的人，包括他的父亲在内，都不看好他的选择。

大家都说，考古，顾名思义，就是到实地进行考古发掘和调查；这么一个冷门的专业，就业前景不是很乐观，待遇也不一定会好。而且，大多数人年轻人都向往大都市的繁华，可薛洋如果学了这个专业，可能以后就注定要去一些穷乡僻壤，东奔西走，风餐露宿了。

尽管连薛洋的父亲都说"如果你学了考古，可能要过一辈子清苦的生活"，可是薛洋并没有就此放弃自己的选择。他多方搜集信息后发现，虽然考古是一个专业性非常强的领域，但是找工作并不像大家以为的那么难。除了实地发掘和调查工作，还可以到大学或者科研单位从事教学、研究工作，甚至将来积累了经验之后，还可以到博物馆、拍卖行从事文物保护、古玩鉴定等很多其他的工作。

薛洋觉得自己会喜欢这个专业，而且他也想好了，如果毕业找不到好工作，他就继续深造，将自己的理论基础打得更为牢靠。

很多人不看好考古专业，其实是因为他们对考古并不熟悉，对这门专业将来的前景也没有多少了解。但薛洋做好了准备，对专业已经有了比较清楚的了解，因为喜欢，他愿意将这份热爱当作人生的一种追求；他想得很清楚，知道自己想要什么样的生活，并愿意为之奋斗。

职业其实无所谓好坏，自己喜欢并适合自己的才是最重要的。人生苦短，经不起蹉跎，学会发现并珍惜自己的才能，积极地选择人生，我们才能在社会中寻找到适合自己的位置。从上面的例子中可以看出，薛洋就是一个懂得自我需求，并敢于按照自己的设计去选择人生的人，这也更显示出他心智的成熟。

有句外国谚语说，有选择权的人是最富有的人。

对选择职业来说，最时髦的，或是最流行的，未必就是最适合你的，就如做房地产很赚钱，但并不是所有人都能成为合格的房地产商；传媒、影视行业看似风光无限，但不是所有的人都能成为好导演、好演员一样，热门的行业未必是最适合你的，也不见得就能发挥你的才能。更何况，即使现在如火如荼的行业将来也未必会一直兴旺。世间瞬息万变，一份工作，自己不适合做，也不喜欢做，但为了遵循某一个人的意愿而去选择，这本身就是一种不负责的行为。

一种选择有时代表的是一种人生方向。人活着必须要有追求，当我们对工作、人生做选择的时候，必须清楚地知道自己想要的是什么，才能付诸激情去努力。薪酬和待遇固然重要，但一定不是最重要的，选择自己真正热爱的工作，你的人生会更精彩。而一旦选定了一条路，就要坚持走下去，这样才能走得更远、更好。

每个人都是独特的个体，拥有独属于自己的特性与才能，也都渴望找到能发挥各自才能的机会；而在这个世界上，只有你自己最了解自己，最懂得自己的需求。

人的一生中，要面临无数次选择，而越是关键性的选择，越容易让人犹豫不决，因为很多人知道，正确的选择可能会让自己拥有灿烂的人生，而错误的选择可能会让自己付出惨痛的代价。

　　犹豫不决，是因为我们希望将事情做好，但这种犹豫如果演变成拖拉、纠结，甚至是恐惧，那就偏离了我们做选择的目的。针对选择忧郁症，有一点是可以肯定的，那就是如果我们预先想清楚自己到底想要什么，这样就寻得了目标，有了方向感，也就不至于迷茫。成功就在下一站，我们要做的就是选定方向、做出选择，然后努力、坚持，剩下的就交给时间好了。

3. 明确"要事第一"原则

歌德曾说过，重要之事，决不可受芝麻绿豆小事的牵绊。

在心理学上，"要事第一"是指通过独立意志的发挥，建立以原则为重心的处事态度，进而达到有效的自我管理。这也是我们面对众多选择无从下手时所应遵循的一条原则。如果一个人总是在一大堆选择中迷茫，分不清主次，那你的人生多半就荒废在那里。

如果想要成就不一样的自我，就必须做到要事第一，明确什么是当务之急，你才能在选择中做出正确的决定。

人的一生中，难免会遇到十字路口，迷茫、犹豫抑或是抱怨都只会将事情变得更糟糕。如果我们能通过筛选，将手上的事物进行二次分类，懂得主次，合理安排，我们的选择就能变得明朗、清晰，继而进行有规律的运作。

其实，犹豫症并不是可怕到无人能敌，即便是伟人也有犹豫不决的时候；而成功者与其他人的区别就在于，他们能够找到自己内心障碍的根源，并快速解决掉。事实上，这并不是什么特殊能力，我们也可以做到。而你之所以没有成功，大多是因为你没能很好地、彻底地对自己的需求进行规划，将选择排序。

有效管理是掌握重点式的管理，我们要时刻明确自己的目标，懂得哪件事是重要的，哪件事是可以退而求其次的。也只有合理规划自己的人生，才能有条不紊地开拓自己的人生之路，成就不一样的自己。说到这里，又涉及控制犹豫症另一种方法，也就是上一节提到的懂得明确自我需求；也只有懂得自我需求，才能明确"要事第一"中的要事为何，二者之间是相辅相成的。

文博是一位撰稿员，因成稿效率高、稿件质量好而很受大家的好评。

有一天公司副总找到文博，说有件急事想要拜托他现在做，可是文博并没有马上答应。他请副总看了一下自己钉在工位上的工作计划表，上面是需要做的20项工作，而且已经按照重要程度排好了序号。文博说，如果做副总所说的这件急事，大概要花费两到三天时间，这样的话，计划表上的工作就要为之让路，那么到底哪件事更急、更重要呢？文博请副总来做决断。最终副总离开了，他无法要求文博将手上的计划放下来，因为比较起来，计划表上的每件事都比自己的"急事"重要。

这样的老板是睿智的，因为他懂得如何更好地做到"要事第一"；而这样的领导带出来的员工往往也很出色，就像文博，他的工作效率一流，很大一部分原因就在于他能将手上的工作进行排序与筛选，分清主次，从而更好地完成任务。

心理学家认为，看一个人是否有工作头脑，关键看他处事能否分清轻重缓急。聪明的人往往都懂得什么事可以略过不论，而不是胡子眉毛一把抓。古人云："事有先后，用有缓急。"工作也是如此，分清事情的轻重缓急，不但会让你做起事来井井有条，完成后的效果也会更好。

工作中的目标可以分为长远目标、短期目标、即时目标等等，当这些目标同时摆在我们眼前，需要对其进行选择时，我们可能会觉得毫无头绪。面对这种情况，人们往往会觉得顾此失彼，无论怎样权衡利弊，始终不能尽善尽美。这时候我们就需要静下心来，遵循"要事第一"的原则，对计划进行梳理，以便为我们争取更多的时间去完成最为紧要的工作。

选择时，不要得失心过重，因为无论你怎样选择，都注定要有所舍弃。而且，更多的时候，我们并没有那么多的机会和时间进行抉择，所以我们要善于抓住手中的机会，去做一些最重要、最迫切的事情。一鼓作气，下定决心，并锲而不舍地去做好它，这就是你人生之中最好的抉择。

事实上，很多人之所以在选择的面前会犹豫不决，是因为无法确立目标，换句话说，就是不知道哪件事情最重要，分不清轻重缓急，这样自然做不到如何合理安排。如果次序处理好了，不但能为自己减少很多烦恼，还能够节约时间，提高做事效率。

4. 不要总被别人左右

法国科学家约翰·法布尔做过一个实验：把许多毛毛虫放在花盆的边缘上，使它们首尾相接、围成一圈，并在不远处撒了毛毛虫最喜欢吃的松叶。结果，没有一只毛毛虫去吃松叶，它们一个跟着一个，绕着花盆一圈圈地走，最终精疲力竭而死。原来，毛毛虫习惯"跟随"，只要前面有同伴，就会一直跟着走。

法布尔在总结此次实验的时候，曾经写下这样一句话："在那么多的毛毛虫里，倘若有一只不盲从，它们就能够改变命运，告别死亡。"

毛毛虫的错误在于失去了自己的判断，只知道盲目跟从他人，从而进入了一个循环的怪圈。这种因为跟随而导致失败的现象被心理学家称为"毛毛虫效应"。

其实，人在有些时候又何尝不是如此呢？可能有很多人会忍不住嘲笑那些毛毛虫的愚蠢，但是，实际上在人类社会中每天都在上演着像毛毛虫那样盲目跟从别人或者被习惯左右的事情，尤其是在面对选择的时候。

"这件事我不知道应该怎么办，问问别人吧，或许会有更好的方法。"很多人在面对选择犹豫不定的时候，往往喜欢向别人求助，希望他们能为自己提供更好的建议，可事实上别人的建议未必适合自己。而倘若你所问的人并不比你高明多少，那么他所给出的答案，不仅不能解决你的实际问题，甚至还可能误导你，让你做出错误的决定。

沈青葵是一位律师，丈夫是位IT精英，前不久刚刚创立了自己的公司。因为工作忙碌，两人的孩子也小，需要人照顾，而青葵的工作又常常需要她出差，所以丈夫希望沈青葵放弃现有的工作，做全职太太照顾家庭和孩子。可是，沈青葵此时也正处于事业上升期，她所在的律师事务所老板对她的工作能力很赞赏，也流露出等到年底，也就是沈青葵工作满三年后就提拔她的意思，事业心很强的青葵不想放弃这次机会，于是和丈夫商量，是不是可以请个保姆，可是丈夫说，你没看最近的新闻吗？现在的保姆带孩子多不靠谱啊，哪有自己带来得保险。青葵想想，觉得好像是这个道理，而且自己也确实放不下孩子，可如此一来，自己的事业怎么办？青葵左右为难，不知该如何选择，于是，去求助身边的那些"过来人"，而身边的人纷纷劝她："对孩子的成长来说，妈妈的陪伴是最重要的，甚至重于爸爸。""如果不自己带孩子，将来孩子长大跟你就没那么亲近了，你看×××，不就是个很好的例子。""要是你现在只顾工作，等将来你到了我这个年纪，会后悔没能亲眼见证孩子的每一个变化，这种遗憾是你无论在工作上取得多大的成就都弥补不了的"……青葵觉得，这些人生活上比自己有经验，自己应该听他们的意见，于是最终选择了放弃工作。

一转眼，几年时间过去，青葵的孩子已经快要读初中了，而丈夫的事业也蒸蒸日上，可是，青葵却并没有觉得开心。看着昔日的同事已经成了独当一面的大律师，青葵心里说不出的失落，因为那也曾经是她的梦想，而且曾经就在离自己很近的地方，可是自己却放弃了它。青葵说："我现在的确不亏欠家庭，也不亏欠孩子，可是，我却弄丢了我的理想，亏欠了我自己。"

面对选择，会茫然很正常，想去有经验的人那里需求帮助也没什么，但要切记，不让要别人左右了你的全部思想，甚至于替你做选择。我们说，别人的观点与建议我们可以采纳与借鉴，但不能完全没有了自己的观点。如果你经常"沦陷"在别人的观点里，那就等于是在过别人的人生，又怎能找到你的梦想？

著名的喜剧大师卓别林在刚踏入影坛时，因演技生涩而颇为苦恼。当时很多电影导演都建议他去模仿当时德国的一位名演员，认为如果卓别林可以学到他的五成功力，在演艺圈立足就已经绰绰有余了。但是，卓别林并没有盲目听从这些"专家"的建议；他对那些导演说，如果刻意去模仿别人，那就失去了演戏的乐趣，少了乐趣，又怎么能激励自己进步？

卓别林始终相信，自己是有做演员的天赋的，只要找机会多加磨炼，一定可以闯出一番名堂；而事实证明，卓别林的选择是正确的。他没有轻易跟从别人的风格，而是努力从生活的各个角落取材，然后以夸张的肢体动作，扭曲的面部表情创造出喜感。更难得的是，卓别林把许多复杂的小动作结合在一起，使这些动作首尾相连，一气呵成，从中衍生出无穷的喜感，深受观众与导演的喜爱。

卓别林始终选择坚持自己的想法，从自己的脑袋里迸发出许多新点子，而不去模仿现成的表演。他觉得如果只是模仿别人，就算做得再好，也不过是别人的影子，不但没有自我，也无法创造出一块属于卓别林的金字招牌。正是这种不轻易被别人左右的态度，让卓别林大获成功，也让世界上多了一位风格独树一帜的喜剧大师。

面对选择，我们要学习与信任自己内心的声音，那才是指引你迈步向前的灯塔。也许在现实生活中，当你需要作出选择时，身边会有很多声音让你为之苦恼，跟它们相比，内心的声音显得那么微不足道，以至于你根本察觉不到它的存在；但它却实实在在地影响着你，指引着你，为你提供智慧的抉择，伴你一生，并帮你获取幸福而充实的生活。

读懂心声，为自己的努力添加砝码。很多人都在人生路上犹豫过，如何打破选择僵局，关键在于你自己内心深处的想法。每个人都有选择自己生活的权利，而面对纷杂的提议，只有遵从自己内心的人才能做出理想的选择。

5. 找准自己的闪光点

对于很多人来说，做正确的选择，或者是为自己选择一条合适的路可能是一件困难的事，但实际上任何一个人都有他的优点和长处。你的发光点，其实就应该是你在自己的人生道路上为自己所选定的人生坐标。找准了这个坐标，你就能够轻松地选对适合你的路，并且充分发挥自己的聪明才智，实现你的人生价值。

生活中，无论是在择业还是创业的过程中，我们都需要了解自己的爱好和特长，并且充分利用它们。这就如同一个靶手要想取得十环的好成绩，不仅要具备良好的枪法，也应该有好的准星，只有二者结合起来，才能最终使子弹准确无误地射向靶心，一枪中的。

20世纪30年代美国经济大萧条的时候，里根在堪萨斯州一个公众游泳池做救生员。他经济拮据，无方向感，一事无成，不知所措。

有一天，当地的一位名人爱斯杜拿到那里游泳，与里根闲谈起来，这位先生一向是以乐观自信著称的。

"经济萧条的情况不会是永恒的。有志向上的年轻人应该懂得把握好这个时机，在这段时间内学习创业的窍门；当经济开始复苏，机会的大门便会打开，而这些懂得把握时机的年轻人便会成为国家未来的主人翁。"爱氏对里根说。

里根那个时候最关注的是一个月后是否会失业，根本就没有兴趣去聆听这些"过分乐观"的话语。

"年轻人，你喜欢在未来的数十年做些什么工作？"爱氏没有在意里根那无奈的表情，继续追问。

"先生……我没有想过。"年方及冠的里根怯懦地说。

"没有想过现在就要好好地想一想。"这位善良的长者丝毫不肯放松。里根本来想告诉爱氏他的志愿是当演员，但他没有这个胆子，于是，他说："我希望做一个电台的体育评述员。"爱氏接下来的一番话，对里根的一生有着决定性的影响。

"你要相信自己——只要你肯做，你就会做到。每一个人都可以有美好的将来——只要他肯敲门、肯尝试、肯努力！"

就是因为这句话，堪萨斯州的洛维汝公园少了一个救生员，而美国多了一位伟大的总统——由穷救生员到三流演员到加州州长再到美国总统，里根终于实现了人生的超越。

日本著名学者本村久一曾经在他的《早期教育与天才》一书中说："天才人物指的是有毅力的人、勤奋的人、入迷的人和忘我的人。但是，千万不要忘记：毅力、勤奋、入迷和忘我的出发点实际上在于兴趣。有了强烈的兴趣自然会入迷，入了迷自然会勤奋、有毅力，最终达到忘我。因此，我特别想说的是，天才就是强烈兴趣和顽强入迷。"的确，一个人无论是干什么工作或从事什么职业，只有是有了兴趣，他就能发挥自己的思维力、想象力和创造力。所以我们在认识自我时，首先要了解自己的兴趣所在，这对于挖掘我们自己的"金矿"有着至关重要的意义。

当然有时候，兴趣并不能代表一切，一个人的"发光点"

不是简单的爱好所能决定的，要真正地认识自己，还必须了解自己的性格，因为性格对于一个人的发展影响深远。某些特定性格的人比较适合于从事某些特定的工作，而某些特定的工作也需要一定性格特征的人来从事。例如，以理智去衡量一切并支配其行动的人，比较适合于从事某项理论的研究工作；而那些情绪波动较大，情感因此较为浓重的就不大适合于从事理论研究工作，否则对理论研究的严肃性和严密性会造成一些消极影响。又比如，交往性的工作或管理工作比较适合于性格活泼好动、敏感、喜欢交际的人从事；难度较大的工作则适合于精力旺盛、具有直率热情性格的人从事，等等。当然，性格对人生坐标的影响也并不是绝对的，我们往往还需要结合自身的智力水平，以及社交能力、抽象思维能力和实际操作能力等等，去综合考虑自己的发展方向。

选择需要量身定做，一个人只有在真正认识自己的"闪光点"后，才能全面、客观和公正地评价自我，才能少走弯路，多一点成功的把握。而一旦你发现了自己的闪光点，做选择时也就不会再犹豫不决了。

第五章

相信自己，10 分钟内你就能作出决定

1. 想太多，就是自己吓自己

莫泊桑说过："生活永远不可能像你想象的那么好，但是也不会像你想象的那么糟。"

说得没错，生活，生与活，为了生存下去，自然要面对很多不同的活法；选择一条适合自己而又正确的道路，对我们来说很重要。因为重要，才更难选择。

我们每天都在面对生活的难题，比如日常的吃喝拉撒等小事，或是结婚、创业等大事；很多人总是想得太多，生怕自己一步走错，步步错，一抬头就是万丈深渊，没了回旋的余地。然而正如莫泊桑所言，生活未必就那么糟糕。很多时候你觉得前路凶险，可实际上根本就是自己想得太多，说白了就是自己吓自己。更何况世上没有翻不过去的山，没有蹚不过去的河，想得再多也是在做无用功，还不如多做事。应坚信一切都会过去，一切都会更好的。

我们一直相信，你用什么样的状态去面对生活，它就会回馈你什么：你用微笑去面对生活，生活便会回馈你温暖；你用胆怯、伤心去面对它，它留给你的就只有眼泪。

反复思考同一个问题，会导致择犹豫，不仅会浪费你的时间和精力，更会让你在日后遭遇其他问题时，更加瞻前顾后，畏首畏尾。其实，生活就这样，你不要害怕做错什么，即使错了，也不要一味自责沮丧，因为这根本无事无补。

在生活中，我们会遇到很多需要选择的事情，每一次选择，都是一次成长的历练。如果你因为想得多而错失了机遇，那就是对自己的辜负。前有古人，后有来者，人生的路并没有你想象的那般孤单与可怕，只要大胆地走出去，总有更美的风景在等着你。

22岁的吕萌，一直就是这么想的，也是这么做的。

吕萌的父亲经营着一家服饰企业，吕萌大学时学的专业是经营管理。她最初的人生计划就是日后回父亲的公司上班，减轻父亲的担子，但到大二时，吕萌的想法发生了变化：因为母亲喜欢喝茶，而自己也一直对传统文化很喜欢，上大学后，她和同学结伴出游时去了一些茶叶产地，对茶文化有了更深的了解，心里也逐渐萌生了想从事与此相关的事业的念头。

　　大学毕业时，吕萌打算自己创业，做茶生意。可当她将自己的想法告诉父母时，他们都表示很震惊。因为家里没有人从事这方面的生意，对此一无所知，更何况吕萌还是一个从未涉足过社会的准新人，别说茶生意，就连别的生意也从未经手过。

　　其实，当吕萌作这个决定时自己心里也没底。她不知道自己的选择会给自己带来的是成功还是失败，但她知道，只要创业就会有风险；甚至为自己做了最坏的打算，如果茶叶真的卖不出去，到时候，就在父亲的品牌专卖店里，搞一个"买衣服，送茶叶"的活动。她相信，天无绝人之路。

　　吕萌很感谢父母对自己的作为"过来人"善意的提醒，她也知道从理论到实践还有很长的一段路要走，所以，她开始一方面学着了解市场行情，一方面开始试探性地接触更多品种的茶叶。她认真品尝每一种茶，亲身体验了每一种茶的口感。对茶本身和市场有了一些初步的认识后，她开始着手租店面，启动了创业的第一步。尽管小店开业后生意并不总是能尽如人意，但吕萌一直坚持了下来，从未想过放弃。两年后，吕萌的机会来了。在一次供应商联谊会上，吕萌认识了一位在云南当地很有名的普洱茶老板。一番交谈下来，普洱茶老板对吕萌的锐气和坚持很欣赏，也觉得她做生意很有想法。最后他表示，如果吕萌感兴趣，可以与自己合作，做自己在西北地区的经销代理；但是进第一批货可能需要一大笔资金，相应地也要承担很多风险，所以，希望吕萌考虑后再回答。

是选择继续小风险地经营自己的小店，稳扎稳打，还是抓住这次机会，冒险一搏，吕萌再一次勇敢地选择了后者。当第一批价值20万元的货品堆满了整间屋子时，面对一大屋子的茶叶，吕萌发现自己内心竟然没有多少不安。原来，在明确自己内心需求后，选择竟然是一件这么很容易的事。凭借着这股冲劲儿和韧劲儿，吕萌现在已经成为业内小有名气的茶叶商人。

作为创业者，吕萌无疑是成功的，而且在创业路上，她一直表现出的是一种勇往直前的姿态。不过，吕萌在面对选择时并不是未经思索就作了判断，恰恰相反，她已经对失败的后果做了充分思考，并制定了对策。不过，与很多人不同的是，她从未因想得过多而畏手畏尾，更不会被自己预想的失败吓到。

其实想得太多，只是在浪费时间，最多就是自己吓唬自己，该来的还是会来，害怕没有一点用处。你只有勇敢地踏出去，才能以不变应万变。更何况，人生其实并没有那么糟糕。在绵延的时光中，正是各种选择让我们汲取了生活的好与坏，幸福与痛苦，成功与失败，并最终得以成长与成熟，这本身就是一种收获。

面对选择，不要让自己被自己想象出来的困难吓倒，如果你连第一步都不敢踏出去，又何谈成功呢？

2. 你担心的事情，通常都不会发生

忧虑，大概算得上世界上最无用的东西之一。一件事，有办法解决，那就用不着忧虑；没办法解决，忧虑也没有用。担心的结果只能是自寻烦恼，不会剩下任何有意义的东西。

生活中，我们总习惯眺望缥缈的远方，担忧那些看不清的未来，无限放大选择的困难性，而实际上，我们担心的很多事情根本就不会发生；即便发生了，也没有你预期的那般可怕。因为人都有潜意识和能动性，早已为这缥缈的预感做好了准备。

陈谦是一名大学生，他自认从小就很有忧患意识，可在他身边的人看来，他总是喜欢杞人忧天，担心一些有的没的：大

家约好周末聚餐他担心到时没位置，一起出去玩他担心到时会突然下雨，就连想送别人生日礼物都会担心别人不喜欢……可实际上，陈谦的担心几乎很少会成真。但即便如此，他还是控制不住自己。

因为毕业季即将到来，所以校园里总能看见大四学长们忙碌的身影，答辩、找工作、找房子……而这也让即将步入大二的陈谦忧心不已：自己的论文会不会过不了？自己的专业到时会不会不好找工作？到时能不能找到合心意的房子……思来想去，再加上偶尔会听到学长们有不太好的消息传来，陈谦整天为此忧心忡忡，甚至担心得连觉都睡不着了。最后，他的好朋友发现了问题，于是劝他说，你现在就开始担心两三年后的事情会不会太早了些？见过预支钱的还没见过预支烦恼的。与其担心这些，还不如就踏踏实实地学习，只要你专业基础扎实，又何必担心论文过去不？如果担心就业，甚至担心将来的住房，你也可以现在就做准备，课余时间去做做兼职，提早接触一下社会，省得将来两眼一抹黑……不管怎样，总比你什么都不做，光在这里瞎担心强吧！陈谦想了想，觉得朋友说得有道理，尽管不能完全放下心来，但他还是开始按部就班地开始了自己接下来的大学生活。而一旦日子忙碌、充实起来，陈谦发现，自己的对未来的担心似乎渐渐少了，有时甚至根本想不起来要担心。一晃几年时间过去，陈谦不仅顺利地毕了业，还因为成绩优秀获得了保研资格，他的人生迈上了新的起点；而陈谦也发现，自己再不会像之前那样瞎担心了，对于未来，他变得更有信心，也更加坚定。

正如卡耐基在《如何停止忧虑，开创人生》提到的，"你所担心的99%的事情，都不会发生的。"与其花时间去空想那些虚无缥缈的事情，还不如埋头苦干，用事实说话。

马克思也曾说过，一种美好的心情，比服良药更能解除生理上的疲惫和痛楚。如果你经常暗自纠结，担心这、担心那，面对选择时便难免犹豫甚至恐惧。人生如此美好，我们应该勇敢地面对现实生活，不要让那些可能根本就不会成真的担忧占据我们宝贵的时间，因为与之相比，我们还有很多更重要、更有意义的事情要去做；比如多读书，拓宽自己的眼界，提升自己的内涵；比如多锻炼身体，增强体魄，让自己更加精力充沛……

很多时候，当你通过努力增强了自信，学会坦然去面对一切后，你会忽地发现，原来人生还可以如此豁然开朗。所以不要去预支明天的烦恼，要学会自我减压，然后轻松上阵。与其浪费时间去想这想那，还不如好好把握每一次选择的机会，去做一些有意义的事情。

人们常说，车到山前必有路，船到桥头自然直。这句话不是告诉我们可以逃避，或是什么也不做，听天由命，而是说要学会坦然，不要杞人忧天。如果你总是过于担心，可能是你的能力还有欠缺，当你你认识到了这一点，不要一味地恐惧，因为恐惧根本帮不了你，及时充实自己，弥补不足才是最重要的；如果你真的无法控制自己的情绪，是一个容易焦虑的人，那你不妨仔细地盘算下，在你所担心的事情中，有多少已经发生了，又有多少没有发生，它们各自占多少比例。然后你可能就会惊喜地发现，上周你所担心的事，这周都没发生；而这周所担心的事，到下周就已经不是什么事了。

适度的担忧，可以让我们保持一种忧患意识，让我们为未来做好更加充分的准备，但过度的担忧却百害而无一利。面对选择，很多人会假设出很多不良的结果，由此变得紧张和害怕，继而惧怕选择，但实际上只要你克服心中的畏怯，就会发现，原来你担心的大多根本就不会发生。

3. 设想最糟的情况，还有什么好怕的

　　未来，对于很多人来说，原本就是一个未知数，到底怎样，全都取决于自己。你若是一个敢于拼搏的人，那你的未来即便不够精彩也无怨无悔，但若是整天碌碌无为，那你的未来恐怕留下最多的就是遗憾。

　　有句歌词这样唱到："我未知的未来，不要谁来编排。"在通往未来的路上，可能有曲折有歧路，也许没有人知道将会发生什么，但也正是因为不知道，才更多姿多彩。人生的精彩很大一部分就在于它的变幻莫测，如果一切都被安排好了，没有了意外，没有了惊喜，就会变得淡然无味，不再鲜活。

　　最糟糕的选择，无非就是失败，而很多时候，如果你能提

前将最糟糕的情况设想出来，并为此想好解决的对策，那么，即使当失败真的来临，也不会手忙脚乱，或是灰心丧气，而是鼓起勇气继续走下去。

世间没有完全一样的事物，也不会有一样的人生。我们人生精彩，就在于我们的独一无二，在于我们的努力与坚持。哪怕前方有千般险阻、万条沟坎，也要学会像孟阳般勇敢，活出最精彩的人生。

孟阳大学毕业后找到的第一份工作是在上海一家知名零售业公司做文案。这家企业有着良好的发展态势和规范的管理体系，孟阳从基础的文案工作做起，逐渐开始参与市场调查、媒体公关、企划统筹等方面的工作，因为工作努力、上进，孟阳的上级领导对她也很赏识。工作前景越来越好，孟阳也对未来充满了希望，可就在这个时候，远在家乡的母亲身患重病，为了照顾母亲，孟阳辞掉了这份很有前途的工作，回到了家乡。

三个月后，母亲病情稳定，可以出院，生活也可以自理了。因为是单亲家庭，不放心母亲一个人在家的孟阳没有再回之前的城市，而是在离家乡很近的小城市一家不知名的民营房地产公司谋了份工作，试用期三个月。从一线城市到三线城市，从零售业转到房地产业，隔行如隔山，之前积累的经验不再能帮到孟阳，生活环境的改变也无可避免地让她感到了落差，但对于自己的选择，孟阳并不后悔，她说："我一直在鼓励自己，不要怕放弃过去，不要怕从零开始，比别人付出的多，将来得到的一定也比别人多。"

可惜的是，尽管孟阳心理准备很充分，试用期结束，孟阳还是未被录用，公司选择了跟她同期的但是之前就有过房地产工作经验的另一位实习生。不过，孟阳并没有气馁，也没有抱怨，而是马上开始寻找新工作。

不久她又找到了一份文员工作，可刚入职没多久就突发急性阑尾炎住院。刚做完手术，医生要求至少卧床休息一周，可她害怕因此失去工作机会，三天后就回到了工作岗位上；而母亲得知她生病的消息后，连夜从家里动身赶到城里，却不幸在路上发生了车祸。失去亲人的打击让孟阳痛不欲生，可当她强忍悲痛处理完母亲的后事打算重新回去上班时，却发现自己的脸上、脖子上开始长大片的红疹，甚至严重到无法出门见人的程度；去医院检查的结果，是因为心情过度抑郁引起了免疫系统失调，即使用药，康复的时间也不能确定。容貌对任何一个女孩来说都是重要的，几近毁容的感觉放在任何一个人身上都不好受，更何况是刚刚经历过丧母之痛，心情还未恢复的孟阳。不过，从医院出来的第二天，孟阳还是戴着口罩出现在了办公室里。虽然相处时间不长，但听说了孟阳的事情后，同事们对她都很同情，也担心她受到接二连三的打击会挺不过去，可大家很快发现，这个坚强的女孩并没有倒下，而是仍旧努力地工作、生活。

半年后，孟阳的红疹痊愈了，一年后，因为工作表现出色，孟阳升任公司策划部经理助理。又过了三年，孟阳所在的公司业务拓展，打算在上海成立分公司，孟阳被任命为分公司策划部总监，又回到了上海。

得知她回来的消息，孟阳在上海的同学和朋友都邀请她出来聚聚。在聚会上，有人感叹孟阳这几年来经历的太多，也感叹她的坚强，而孟阳却只是笑着说："我只是在每次挫折和不幸到来的时候对自己说：'你看，情况已经这么糟了，还会有比这更糟的吗'这样一边想着，一边不放弃自己，自然而然地也就走过来了。不管现在的情况恶劣到了什么程度，只要我选择向前走一步，就会比现在的情况好上一分，不是吗？"

　　每个人的一生都不可能一帆风顺，当我们遭遇困境的时候，不妨也用孟阳的话来鼓舞自己。是啊，"已经这么糟了，还会有比这更糟的吗"，当你面对选择犹豫不决时，也不妨为自己设想一个选择所带来的最糟后果，并告诉自己，你看，最坏也就不过是这样，既然如此，我又有什么可怕的呢?

　　怕失去，反而更容易失去。上天不会总是眷顾一个人，也不会总是亏待一个人。认准了的事情，不要优柔寡断，有些事情是不能等待的，也经不起等待。如果每每遇到人生的关卡，你都犹豫，都需要别人的帮助，留下的将是永远的遗憾。若幸福不在路的转角，那它一定在路的尽头。我们已经见证过了人生最糟糕的情况，那还有什么好害怕的?

4. 你，永远不可能做好万全的准备

明天，既向我们显示机遇，又向我们发出挑战。明天的希望是美好的，但路途可能并不平坦，甚至到处布满荆棘。面对未知的明天，成功学之父拿破仑·希尔曾说过："一个善做准备的人，是距成功最近的人。"的确，只有做好充足的准备，才能在机遇来临时抓住机遇，最后才能获得成功。但是，我们说，草率选择固然不对，做好准备也很重要，但如果做什么都要等准备周全再去行动，这不但不现实，还会让自己失去很多机遇。

很多人在面对选择的时候，会时刻提醒自己，我准备好了吗？还有什么需要准备的？有时，这种苛求完备的态度反而阻碍了你的抉择，减弱了你的执行力，让你无法快速而又正确地

做出选择。其实，任何一次选择，你都无法做好万全的准备，因为计划永远跟不上变化。

人生可以准备，但不可能一切都能准备周全。人生的意义，就在于不停留，一站一站地往前走。机会是留给有准备的人的，却不是留给要等一切都准备万全再去行动的人的。事实上，如果你总想着等将一切准备好再上路，一切都已经太迟了。而梦想也不是靠想想就能成为现实的，所有的可能与不可能，都不是想出来的，而是要脚踏实地做出来的。

明华夫妻俩在兰州的一个小镇上开着家面馆，生意不温不火，但是可以维持生计。他们的邻居德亮是做馄饨生意的，店面开在离他们面馆几条街远的地方。

年初的时候，去兰州市里探亲的德亮回来后给明华带来一个消息，说市里正在发展旅游项目，要建一条新的小吃街，正在招商户入驻。德亮觉得，这个机会很难得，所以打算去试一下，还问明华夫妻要不要去。

突然要离开熟悉的环境，去更大的城市里做生意，明华夫妻难免犹豫，但是德亮劝他们说，市里的客流量大啊，生意肯定比家里好做，再说这小吃街是政府建的，不比你自己跑前跑后找店面强？等其他的旅游项目发展起来，那客流就更不用愁了。退一万步说，即使不赚钱，咱们这生意本钱都小，赔也赔不到哪去。你们夫妻俩还年轻，不趁着现在出去闯闯，等将来有了孩子想出去就更难了。再说了，如果能在城里站住脚跟，对孩子来说，不比在咱们这小地方长大强？

听了德亮的话，明华和妻子很是心动，但是思来想去，还是觉得自己什么都没准备，蓦然把生意搬去城里不大放心，于是决定去兰州市里看看再说，德亮知道后，还很热情地将自己亲戚的地址和电话告诉了他们，说有事可以去找他帮忙。

三天后，明华和妻子从市里回来了。两人去找德亮，说他们也觉得这个机会很好，打算和德亮一起去试试，但是自己家里还有很多事好处理，所以还要再等几天，等处理好了再去。德亮觉得这是人之常情，于是和他们约好了一周之后再出发。结果，约定的出发日期的前两天，明华又来找德亮，说自己觉得钱还是准备得不够，还要再凑凑，让德亮再等自己几天；德亮欣然同意，还对明华说，如果钱上有困难，自己可以借给他们。几天时间过去了，出发日子眼看要到了，明华又来找德亮，说之前找的帮自己家看房子的人这几天出门了，也不知道自己走的时候他能不能赶回来，不亲自跟他交代一下自己不放心，还是再等几天吧。德亮只好又跟他把出发的日期延后了。可到了日子，明华还是走不了，还是觉得有些事没处理完，没准备好；而这时，德亮都亲戚已经催了他好几次了，并且告诉他，再不来，小吃街上就没有好的位置了。德亮实在等不了了，于是告诉明华，自己要先走了，同时没忘叮嘱他，一定要尽快，现在好的商铺位置剩的就不多了，要等你什么都准备齐全了，估计连不好的位置都没了。明华欣然点头。然而，每次到了快要走的时候，就发现自己还有什么没准备好，于是，出发的日期就这么无限期地被拖延了下去，直到最后，德亮告诉他，招商结束了，机会也没有了，明华这才后悔不已。

生活不会给我们过多的时间去进行考虑和准备，机遇也总是可遇不可求，所以，我们要学会顺势而为，当机遇来临时紧紧抓住它，如果有困难要去积极处理与应对。若是太过理想化，总想等一切都准备好再做选择，只会贻误时机，直至机会从手中溜走，让你后悔不迭。

其实，生活本就是变幻莫测的，你永远都不可能想好万全之策才上路。当然，你可以让自己做准备，但必须给自己定一个期限，不要为了求全责备，允许自己无限期地准备下去。也许你会说，可是如果不做万全的准备，不是会遭遇更多的问题？相信我，正是这些问题才能帮你成长。

记得一位知名作家曾经描述过自己的写作经历，他说，自己三年前选择成为专职作家开始写作时，唯一的准备就是自己有强烈的表达欲望，几乎天天都会写点什么。但是等到自己开始专门写作时才发现，原来这条路并不像自己想的那么简单，有时候构思了很久，可写出来的东西根本不是自己想要的。可他从没想到放弃，哪怕写出来的东西不好看，也坚持要写成完整的作品。这样的情况大概持续了一年有余才有好转，然后接下来他还是会不断地遇到写作瓶颈。这时候，他想起了可以求助外援，于是，就花钱请有经验的编辑来帮自己改稿子，而自己从中学习、揣摩自己的错误，积累经验，就这样，一步步走来，才终于变得对写作驾轻就熟。

作家说，很多人为了成为专职作家，会看很多书，甚至上一些训练班，这些准备并没有错，但是如果只是准备，却迟迟不开始写，那你的水平就不能真正得到提高。就像自己，如果三年前，开始写作时总是要等一切准备好了再动笔，那也就不会有现在的自己了。

其实，很多时候，我们并不是靠选择改变了命运，而是在做了选择之后，学会了梳理自己，并在向目标靠拢的过程中努力改正自己的缺点，弥补不足，最后使自己得到了提高。

任何一次选择，任何一种人生，我们都不可能做好完全的准备。但人生经不起等待，机会更是转瞬即逝，所以，面对选择，请你放弃无休止的准备，果断采取行动。记住，只有活在现实中，才有可能走出一条属于自己的道路，实现自己的目标。而当你终于实现了梦想时，回头看看就会发现，自己当初那些责全求备的想法其实根本就是在浪费时间。

5. 不给自己机会，机会不会找你

有人说，从我们出生降临到这个世界开始，就开始面临着选择，而烦恼也就此紧随而至。从日常生活中的小事，到决定人生方向的大事，选择似乎已经变成了我们日常生活中的头等大事。每一步选择，都是一种考验；每关键的一步，都会对我们的人生产生重大的影响。

读书、就业、恋爱、结婚……每个人的面前，都有千条万条的路供你去选择，你可以顺其自然地行走，也可以不按常理地抉择。你不喜欢随波逐流，可以选择逆水行舟；你不想做一只被禁锢在闹市钢筋混凝土围笼中的鸟，可以选择在川野山河做一只自由飞翔的闲云野鹤……

"只要你喜欢，只要你愿意，你都能过上你想要的生活。"这是一种自信，人生本就是要行走在充满自信的选择之中，我们可以在生活中大胆地尝试，无畏无惧地寻找，选择自己的位置。所以，过上怎样的人生其实与命运无关，而是与自己的选择有关。

林萱是一名中学音乐老师，不仅人长得漂亮，课讲得好，对学生也很有耐心，所以很受学生的欢迎，王伦也是喜欢林萱老师的学生之一。

有一次课前，王伦和几个同学坐在教室里叽叽喳喳地讨论着将来要做什么，自己的梦想是什么。这时，林萱走进教室，学生们嘻嘻哈哈地围上她，问她说，老师，你当学生时的梦想是不是就是当一名音乐老师啊？谁知道林萱笑着回答道：不是啊！我的梦想是开一家服装店，而且这也是我现在的梦想。"

同学们笑开了，都以为林萱是在跟他们开玩笑，毕竟在大家眼中，教师是一份更体面而又值得人尊重的职业；而且，林萱老师当得也出色啊，怎么会想去转行做服装店呢？

转眼几年时间匆匆而过，一批又一批的学生毕业了，在一次同学聚会上，大家各自说起当年的梦想与现在的近况，有人提到了林萱，说："大家还记得吗？那时候林老师还说她的梦想是开个服装店呢，估计就是逗我们玩儿呢。"没想到王伦接话说："可是林老师现在真的辞职去开服装店了，前一段时间我正好去了她的店里。"大家惊讶不已，纷纷询问是怎么回事。

王伦说："我前段时间和我女朋友逛街，她说想去××服装店买衣服，还说那家店现在很有名，卖的衣服款式很别致也很潮，我就陪她去了，结果没想到，推门进去，看到的是林老师。"

"听你这么说，林老师现在的生意做得也很成功啊！"一个同学感叹道。其他人也纷纷赞同说："是啊，林老师可真有勇气，想做什么就能做什么！""大概是因为林老师很优秀吧，优秀的人做什么都比别人出色"……可王伦却打断大家说："起初我看见林老师时也像大家这么想，可是那天跟林老师聊过之后我才知道，这个过程并不像咱们想象的那么简单。"

原来，林萱从小不仅喜欢音乐喜欢服装设计，长大后，她遵从自己对音乐的喜欢和父母的要求当了一名音乐老师。可是，她还有一个梦想没有实现，那就是自己开一家店然后卖自己设计的服装。林萱做音乐老师做得很出色，可越是出色她就越忘不了自己开店做服装设计的梦想，最终，她终于决定辞掉教师的工作去实现自己的梦想。

林萱说："为了实现这个梦想，我甚至一度和父母闹得很僵。为了能租下心仪的店面，我花光了自己所有的积蓄；为了能让更多人认识和接受我设计的服装，我去夜市摆过地摊；服装店开业之后，一开始生意冷清，我几乎吃了大半年的泡面……我父母都觉得我是不是脑子坏掉了，放弃稳定又体面的教师工作，自己在那穷折腾。"

林萱坦言，其实，面对巨大的压力和前景未知的选择自己也有过恐惧，但是她说："虽然我也不知道这条路走得对不对，但我还是想给自己一个机会为梦想拼一拼，就像我对我父母说的那样，'请你们让我试一试，不试怎么知道自己行不行呢？'"

最后，王伦对大家说，这次跟林老师见面，留给我感触最深的一句话就是她说的："你不给自己机会，机会就不会来找你。"

我们说，如果人的一生中想做到回首往事而不后悔，就要搞明白三件事：一是如何选择，二是如何坚持，三是如何珍惜。

我们无须羡慕别人的表面风光，因为风光的背后可能藏着你看不见的辛勤与汗水。想要什么，你就选择努力去争取；能力不够，就选择努力去学习，为自己充电。我们要有打破一切，置之死地而后生的勇气，也要有为了坚持自己的选择，实现自己的目标而不断努力的觉悟。

选择，决定了你存在的方式，而生活态度，则决定了你什么样的生活状态。其实，每个人都有成功的机会，就看你给不给自己机会。

你要跑得比别人快，做得比别人多，吃比别人更多的苦，才能比别人早一步抓住机遇的手，早一步遇见最美的自己。

第六章

锤炼思维，让选择帮你改写命运

1. 你要眼光长远，还要力争高起点

在人一生中所面对的众多选择中，有些关键性的选择甚至可以改变我们的命运；也正是因为这些选择事关重大，所以很多人才犹豫不决，不敢作出决定。选择可以改变命运，选择不同命运也就不同。很多时候，今天的生活是由几年前我们的选择决定的，而今天我们的抉择又将决定我们几年后的生活，所以选择的时候，请具备长远的眼光。

很多成功的人之所以成功，首先是因为他们选择了适合自己的事业，正是他们创造出的成绩才让他们留名青史。如果当年的鲁迅不选择弃医从文，就不会成为文学巨匠；如果霍金不选择天文物理，就不会写出《时间简史》这部伟大著作；如果贝多芬不选择音乐创作，也不会为后世留下那么多不朽的旋律……

　　谁都想在自己的人生博弈中获得成功，那么你就要为这个成功的目标去努力。每天花时间为自己修建成功的管道，接近人生拼搏的终点，是每个人可以做到而且应该做到的事。如果说出生的背景不公平的话，至少时间对于每个人来说都是公平的，你都可以通过自己的努力争取胜利。当然，你除了花时间在某件事上以外，还需要动点脑筋，把精力用到点儿上。

　　有两兄弟，他们一起住在一幢公寓楼里。一天，他们一起去郊外爬山。傍晚时分，等他们爬山回来，回到公寓楼的时候，发现一件事：大厦停电了！这真是一件令人沮丧的事情。为什么呢？因为很不巧，这两兄弟是住在大厦的顶楼。那么，顶楼是几楼呢？是80楼，很恐怖吧。虽然两兄弟都背着大大的登山包，但看来，也是别无选择，于是，哥哥对弟弟说："我们爬楼梯上去吧。"于是，他们就背着一大包行李开始往上爬。到了20楼的时候，他们觉得累了。于是弟弟提议说："哥哥，行李太重了，不如这样吧，我们把它放在20楼，我们先上去，等大厦恢复电力，我们再坐电梯下来拿吧。"哥哥一听，觉得这主意不错："好啊。弟弟，你真聪明呀。"于是，他们就把行李放在20楼，继续往上爬。卸下了沉重了包袱之后，两个人觉得轻松多了，他们一路有说有笑地往上爬。但好景不长，到了40楼，两人又觉得累了。想到只爬了一半，往上一看，竟然还有40楼要爬，两人就开始互相埋怨，指责对方不注意停电公告，才会落到如此下场。他们边吵边爬，就这样一路爬到了60楼。

到了60楼，两人筋疲力尽，累得连吵架的力气也没有了。哥哥对弟弟说："算了，只剩下最后20楼，我们就不要再吵了。"于是，他们一路无言，安静地继续往上爬。终于，80楼到了。到了家门口，哥哥长吁一口气，摆了一个很酷的姿势："弟弟，拿钥匙来！"弟弟说："有没有搞错？钥匙不是在你那里吗？"

大家猜猜发生了什么事？——钥匙还留在20楼的登山包里！

这个故事其实正反映了很多人的人生：20岁之前，我们活在家人、老师的期望之下，背负着很多压力，不停地忙于功课、考试、升学，就好像是背着一个很重的登山包，加上自己也不够成熟有能力，所以走得很辛苦。20岁以后，从学校毕业出来，踏上工作岗位，开始自己的职业生涯，自己喜欢做什么就做什么，想怎么做就怎么做，就好像是卸下了沉重的包袱。所以说，从20岁到40岁，是一生中最愉快的20年。

到了40岁，人到中年，发现青春早已逝去，但又有很多遗憾，于是开始抱怨，骂老板不识货，怪家人不体恤，埋怨政府，埋怨国家，埋怨社会，就这样在抱怨遗憾中又过了20年。

到了60岁，发现人生所剩不多，于是告诉自己，不要再埋怨了，就珍惜剩下的日子吧。于是，默默走完自己的最后岁月。到了生命的尽头，突然想起：好像有什么忘记了。是什么呢？是你的钥匙，你的KEY，你人生的关键。你把你的理想、抱负、关键都留在了20岁，没有完成。

想一想，是不是也要等到40年之后，60年之后才来追悔？我们想一想，我们最在意的是什么？想一想，希望将来的自己和现在有些什么不同？是不是可以做些什么来不让这个遗憾发生呢？那么，我们要做什么呢？那就是面对选择不要犹豫，同时，还要记得把自己的眼光放得长远一些。

人生的起点有高有低。起点低一点没关系，重要的是，你要给自己走到高起点的希望并为之努力，自己主动选择自己的人生。

有一种人被称为"陷入固定模式者"，就是每天被一成不变的工作追赶着，马不停蹄，对自己的工作和生活方式习以为常，并且慢慢地被这种僵化的生活吞噬掉。而且物以类聚，人以群分，如果永远处在底层，接触的人也大多是这一领域的人物，所以很难学到对自己有用的东西。而只有努力登上更高的起点，才能有机会将原本周围模糊不清的东西看得更清楚，这对自己的长远发展也是意义深远的。

但是，很多人在有机会走上高起点时也会犹豫，不敢轻易做出选择。以跳槽为例，很多人在机会来临前考虑的是：跳槽之后，就等于在新的单位里翻开了自己人生中新的一页，与先到的同事相比，无疑是处于零起点上。这是不是就意味着一切从头做起呢？如果这样，以往的一切付出不就等于白费了？损失太大了！其实，你并没有损失什么，因为你过去的经验会转化为你的资本，即使你过去从事的工作与现在互不相关，但你过去的待人处世、工作态度等方面所总结出的经验也能为你在新的岗位上提供经验。

陈默毕业后，先是做了一份网站编辑的工作。但是做了两年时间后，他仍然看不到任何升迁机会，自己顶多算是一位资深编辑。

工作过程中，他发现自己对网站设计非常感兴趣，而且网站设计工作要比网站编辑的前途更明朗，于是陈默报名参加了一个网站设计培训班。尽管没有任何相关工作经验，他还是勇敢地向一些招聘网站投出了简历应聘网站设计工作。

令人鼓舞的是，他获得了成功，在某家小型旅游网站找到了一份网站设计工作。以此为起点，陈默的事业越来越顺遂。

五年后，陈默已经成为一家网站的网络部总监，而最开始曾与他共事的同事很多仍在做着网站编辑的工作。

从这个例子中，我们不难看出，陈默面对自己的前途，主动选择了更高的起点，所以才获得了成功。在现实生活中，在面对选择时，你要有走向高起点的意识，如果这样的机会来临，不要犹豫，要勇敢抓住它；如果没有这样的机会，你可以像陈默一样，主动选择，并为之努力。要学会为自己创造机会，创造更灿烂的人生。

2. 找好出发点，适合自己的才是最好的

　　每个人的一生中都要做大大小小无数的选择，可是你考虑过自己的出发点是什么吗？很多时候，就是因为出发点的模糊，才导致我们面对选择无所适从，不知如何抉择。你要认识自己，知道什么适合自己，自己期待着怎样的结果然后才去做选择，量身定做的选择才最适合自己。当然这不是一次可以完成的，不仅要建立在反馈基础上的自我动态调节，也要借助别人对自己的中肯意见。

　　有两件学林轶闻值得我们深思。一是著名的史学家方国瑜。他小时除刻苦攻读学堂课程外，还利用节假日跟从德谦先生专攻诗词。他钦佩李白，羡慕苏轼，希望自己有朝一日也能

成为一名诗人，但一晃六七年，却始终未能写出一篇像样的诗词。1923年，他赴京求学，临行时和德谦先生诵《玉阮亭》"诗有别才非先学也，诗有别趣非先理也"之句以赠，指出他生性质朴，缺乏"才""趣"，不能成为诗人，但如能勉力，"学理"可就，将能成为一个学人。方国瑜铭记导师深知之言，到京后，师从名家，几载治史，就小有成就，后来著成《广韵声汇》和《困学斋杂著五种》两本书。从此他立定志向，终生致力于祖国史学研究。

著名史学家姜亮夫也有类似经历。20世纪20年代，他考入清华大学研究院。当时他极想成为"诗人"，把自己在成都高等师范读书时所写的四百多首诗词整理出来，去请教梁启超先生。不料梁启超毫不客气地指出他囿于"理性"而无才华，不适宜于文艺创作。姜亮夫回到寝室用一根火柴将"小集子"化成灰烬。诗人之梦醒了，从此他埋头攻读中国历史、语言、楚辞学、民俗学等，取得了一系列成果，可谓"失之东隅，收之桑榆"。

要找准自己的出发点，首先对于自己到这个世界上来究竟想要干什么，必须有个十分清晰的描述，离开了这个描述，人就会迷茫，就会失去前进的方向，就会在一个个十字路口徘徊，面对选择犹豫不决，而这样的人生是没有意义的。

研究自己的目的就是更清楚地认识自己，找到与自己的素质相对应的目标，凭着自己素质上的信号找到这一目标后，当机立断做出选择，由攻其一点，到由此及彼，不断扩大。

有一个年轻人，因为对自己的工作不满意，他跑来向人力资源专家咨询。他给自己定下的生活目标是：要找一个称心如意的工作，改善自己的生活处境。从他的要求来看，这个年轻人的生活动机似乎不全是出自私心而且是完全有价值的。

"那么，你到底想做点什么呢？你自己清楚吗？"专家问。

"我也弄不太清楚，还没有认真考虑过。"年轻人犹豫不决地说，"我还没有认真地规划过这个问题。我只知道我的目标不是现在的这个样子，需要改变。"

"那么你清楚自己的爱好和特长吗？"专家接着问，"对于你来说，你考虑过什么是最重要的吗？"

"这个问题我也不知道。"年轻人回答说。

"如果现在有多种工作让你选择，你知道自己选择什么吗？你能做肯定的回答吗？"专家对这个话题穷追不舍。

"我真的说不准。"年轻人困惑地说，"我真的不知道我究竟喜欢做什么样的工作，现在我确实应该好好考虑考虑了。"

"那么，你看看这里吧，"专家认真地说，"你想离开你现在所在的位置，到其他的地方去是可以的。但是，你在走之前，不知道想去哪里，不知道喜欢做什么，也不知道能做什么，会有什么样的结果。如果你真的想做点什么，那么，现在你必须拿定主意，除此以外别无他途。"

专家对年轻人进行了彻底的分析，同时对这个年轻人的能力进行了测试，结果发现这个年轻人根本不了解自己具备哪些才能。

根据多年的经验和实践，他知道，对任何人来说，前进的动力都是不可缺少的。因此，他教给年轻人培养信心的技巧，并鼓励他勇敢面对各种选择，勇于战胜各种困难。

多年以后，当这位来咨询的年轻人已经踏上成功征途的时候，一直念念不忘当年专家给予他的指导和激励。

　　许多人在生活中之所以一事无成，平庸地度过一生，也许有各方面的原因，但最根本的在于他们没有从自身出发做选择，而是像一只没有方向的苍蝇般乱撞。在人生的道路上，明确自己的出发点，换言之，就是找准人生的目标和方向是非常重要的，一个人只有知道自己的目标是什么、到底想做什么之后，成功才会向你招手。

　　世上人有多种，正如西哲所说："世上没有两片完全相同的树叶。"即便人与人如何相似与相近，但本质上却还是完全不同。因而谁也不可能让别人取代了自己，因为别人眼里的幸福不一定就是你的幸福，适合别人的那种生活方式不一定就是最适合你的那种。究竟哪种生活方式是适合自己的，首先要了解自己究竟是怎样的人，然后明确自己应该向哪个方向努力，或者金钱，或者时间，或者爱情……

　　有人以为自己拥有了很多钱，让自己躺在金钱的怀抱里尽情享受，什么也不做便是一种幸福；有人以为自己拥有了很多自由支配的时间那便是一种别人无法理解的幸福；年轻人以为自己能在喜爱的事业上拼搏出一番惊人的成就那便是一种幸福；老年人以为自己能长时间与自己的儿女生活在一起安享晚年那便是一种幸福；也有人认为自己同时拥有金钱与时间那便是一种幸福；还有人以为能永远与自己心爱的人在一起那便是一种无可替代的幸福……

我们每一天都与生活的质量做着拼杀，无论你承认与否都是如此。生活有时是很无奈的，当你对生活感到乏味时，就会觉得活着没有意思，因为不快乐。而事实上，快乐不快乐你都得这样活下去，因为对死亡的恐惧是人的正常的心里，没人能逃得过去，大多数人都愿意选择活着。所以，把握自己的生命态度，让自己的有限的生命尽量过得充实快乐，以提高一下自己的生活的质量才是最为实际的。

总而言之，面对选择，你要知道，适合别人的不见得就适合你，你眼中别人的幸福或许于她（他）正是一种苦难也未可知；而你拥有的或许正是别人羡慕的，虽然或许暂时艰难重重，但毕竟是暂时的，只要你目标明确并为之努力，幸福或许就在不远的地方招手呢。找到适合自己的选择，活出自己的味道，哪怕再苦再累也是甜。

3. 谋定而后动，别把草率错当成勇敢

生活中，我们每一天都要做出大大小小的选择：穿什么衣服？午餐吃什么……小的选择尚需思考，重大的选择就更不用说了。我们怕自己面对选择而犹豫不决，但要注意，草率做选择同样不可取，这并不是勇敢，也不是果决，只能被称之为冲动和鲁莽。

做选择是一件需要慎重对待的事情，人在情绪波动时最好不要轻易进行选择，因为这时我们的头脑是非常不理智的，往往会作出自以为合理，其实非常愚蠢的选择。实际上，这个时候所作的选择，90%以上都是极端错误的。

从前，有个愚人生活贫困，可是他的运气还不错。在一次

下雨的时候，有一堵墙被雨冲倒了，他居然从墙里挖出了一坛金子，因此一夜暴富。可是他依然很笨，他也知道自己的缺点，于是就向一位老人诉苦，希望老人能指点迷津。

老人告诉他说："你有钱，别人有智慧，你为什么不用你的钱去买别人的智慧呢？"

于是这个愚人就来到了城里，见到了一个智者，就问道："你能把你的智慧卖给我吗？"

智者答道："我的智慧很贵，一句话100两银子。"

那个愚人说："只要能买到智慧，多少钱我都愿意出！"

于是那个智者对他说道："遇到问题时不要急着做决定，向前走三步，然后再向后退三步，往返三次，你就能得到智慧了。"

"智慧这么简单吗？"那人听了将信将疑，生怕智者骗他的钱。

智者从他的眼中看出他的心思了，于是对他说："你先回去吧，如果觉得我的智慧不值这些钱，那你就不要来了；如果觉得值，就回来给我送钱来！"

当夜回家，在昏暗中，他发现妻子居然和另外一个人睡在一起，顿时怒从心生，拿起菜刀准备将那个人杀掉。突然，他想起白天买来的智慧，于是前进三步，后退三步，各三次。正走着呢，那个与妻子同眠者惊醒过来，问道："儿啊，你在干什么呢？深更半夜的！"

愚人听出是自己的母亲，心里暗惊："若不是白天我买来的智慧，今天就错杀母亲了！"

第二天，他早早地就给那个智者送银子去了。

看到这里，大家可能都明白了，其实智者给愚人的智慧不是别的，就是"冷静"二字。在现实生活中，很多悲剧都是由于一时的冲动和鲁莽造成的，如果我们在遇事时能保持冷静，有些事缓一缓再做选择，那么很多悲剧就都可以避免。

几乎所有的在狱囚犯都表示过后悔；几乎所有的刑事案件都是在生气的时候作了一个不理智的选择而发生的；几乎所有罪犯在接受采访时都表示过："如果当时……"事实上，如果能够避免冲动，可能这些人就会有一个完全不同的人生。

人是感性动物，生活在爱恨情仇的交织中；而人生又是处在不断的选择之中，有些选择或许无关痛痒，有些选择却事关全局——有些失误可以尽力弥补，有些却无力回天。因草率而做出让自己后悔的选择，这种事可能在每个人身上都发生过。如果到目前为止，你还没有被错误的决定所伤害，那真要感到庆幸。但幸运并不一定永远垂青你，所以要想把握自己的一生使之不偏离轨道，在面对选择时，就要切忌草率、不要冲动。

生活中，很多人的重大决定很容易出于他们已有的思维定式。如果当事人有很多不幸的坎坷经历，那么他在面对选择时，很可能就会出于胆怯和不由自主地想要保护自己不再受伤，以至于退缩不前，白白错过一次好机会。

因此我们必须明白，越是重大问题越要慎重选择，既不要轻率决定，也不要畏缩胆怯，一个人只有一生，是选择丰富了人生，是选择让自己的人生与众不同，是选择让自己成为某一种人，是选择让自己体会酸甜苦辣。

成长应该是让自己的心智慢慢成熟，戒除幼稚和冲动。"三思而后行，谋定而后动"是克服冲动的最佳良药，是古代先贤留下的不朽名言。这两条警句不但应该让那些冲动型的人熟记，而且也应该让所有中国学子都深刻领悟。

三思而后行，思考些什么东西呢？思考的是问题的根源和起因。问题发生后，就需要知道发生问题的根源是什么，导致问题的诱因是什么。只有当这些问题的正确答案都找到后，才能考虑解决的方法。

之所以要三思，是因为问题的发生是很多原因导致的，其背景是复杂的，往往需要分析归纳或者调查研究，才能理出头绪；而且也有被人制造假象，提供虚假线索的可能，一不小心就有误入歧途的危险。所以，思维必须要精细缜密。思考一遍还不够，还需要检查一遍，然后在行动之前还要复查一遍，确保行动万无一失。

三思以后，在解决问题的方案上，还要再考虑，这就是"谋定而后动"的道理。谋就是计划、方略，是解决问题的方针和策略；只有行动方针确定了，才能采取行动。这种行动方针是经过思考的，而不是那种本能冲动想到的。谋略思考是为了寻找合适的方案。本能冲动型的人总是只想到一种行动，只考虑解决面上的问题，对后续行动和影响却不考虑。仔细考虑对策后，就有可能既把问题解决，又避免了出现副作用，这样才能使问题得到圆满的解决。

谋定而后动就需要在发生问题时沉着镇静，不急于立即采取行动，而是静下心来想一想。心急的人往往会不耐烦地催促赶快采取行动，因为他们总是担心时间紧急，再不采取行动就来不及了，其实，越忙就越容易出差错。如果事先没有考虑好，路子没走对，反而会耽误时间。中国古代有句俗话，叫"磨刀不误砍柴工"：先把刀磨快了，看起来耽误了工夫，但是在砍的时候由于刀口锋利，效率高，反而节省了工夫。就像出门开车，事先把地图看好了，顺着标志一路开去，就可以不绕弯路，节省时间；如果慌忙上路，看起来节省了看地图的时间，但是一旦走错了路，可能就会浪费比看地图长很多倍的时间。

虽然说"条条大路通罗马"，但是肯定有最适当、最短路程的捷径。我们不可能一条条地找，然后才发现最短的路。如果事先花时间研究，问清路线，就可以免去在路上摸索的时间，这样一出发就能登上最佳的路线。解决问题也是这样，一个问题可能会有许多解决方案，但是肯定有的方案是不好的，有的方案可以省时省事，其中肯定有一个最佳方案，而谋定就是要找到最佳方案。

所以，如果你是一个冲动型的人，一定要认识到自己的莽撞行事往往会带来更多更大的麻烦。要时刻记住王蒙的话：
"在任何处境下保持从容理性的风度。心存制约，遇事三思，
留有余地。"面对选择，既不犹豫纠结，也不冲动草率，谋定
而后动才是最明智的。

4. 对自己负责，真我可贵不要随波逐流

爱默生曾经说过："不要让自己的头脑成为别人思想的跑马场。"面对选择，比不知道答案更可怕的是没有主见，把自己交给别人摆布。你在放弃了选择权的同时，也放弃了自己最宝贵的东西。

我们过的都是自己的人生，所以要学会自己对自己负责，只有对自己负责的人面对选择时才不会犹豫，才会坚持自己的主见，并对接下来的工作爆发出极大的热情。而当你认真生活、努力工作时，机遇可能就会降临到你的头上。

文林只有中专学历，有一次他和很多大学生一起去应聘，面试者将他的面试序号排在了最后。

　　其实，文林对于这次面试并没有抱着太大的希望，但是他仍然在大厅里等着。快过十二点了，有些人坚持不下去，干脆离开了，有一就有二，一会儿工夫，陆陆续续走了十几个人，而剩下的人也都饿得精神疲惫。文林没有想到离开，但看着这些又累又饿的人，他突然意识到这可是个赚钱的好机会！于是他到公司外面的快餐店里订了很多的盒饭，然后，运到大厅里来卖，一会工夫，盒饭就全部卖完了，文林除去成本还赚了两百块多块钱。

　　到了下午3点，有更多的应聘者离开了，有些人走之前愤愤不已，觉得面试者安排的面试流程不合理，不尊重面试者；有些人听到这些话，也跟着他们一起走了，然而排在队伍末尾的文林仍然没有离开的意思。直到下午5点多，文林最后一个走进了老板的办公室。当他进入办公室里老板面带微笑对他说："恭喜你，你被录取了。"

　　这是令文林没有想到的事，他没有多想便说："我只是中专文凭啊！"

　　老板说："你的精神很让我感动。今天来应聘的都是大学生，而你却能从早上八点一直坚持到下午五点，即使你前面有很多人离开了，你也没有动摇，这说明你做事不随波逐流，有自己的主见。而且，你中午居然能想到卖盒饭，这证明你很有经济头脑，而我们公司需要的就是像你这种善于抓住机会的人才，小伙子，你好好干吧！"

文林因为有足够的主见，所以抓住了合适的时机；因为相信自己，所以能够发挥自己的能力，成就自己，做出一些对自己有益的事情。

而没有主见的人，想做好一件事是很难的。他们终其一生可能都会生活在没有主见的猜疑中，即便给了他们成功的机会，他们也很难抓住，更别提成功了。

人们顺应环境，往往最后却成了环境的奴隶。"要想成为真正的'人'，必须先是个不盲从的人。你心灵的完整性是不可侵犯的……当我放弃自己的立场，而想用别人的观点去看一件事的时候，错误便造成了……"这是最不盲从的拉尔夫·瓦多·爱默生所讲的名言。真我是可贵的，我们应当永远维护自己的判断力，盲从等于没做选择。

也许，我们可以把爱默生的话做如下诠释："要尽可能由他人的观点来看事情——但不可因此而失去自己的观点。"假如成熟能带给你什么好处的话，那便是发现自己的信念及实现这些信念的勇气——无论遇到什么样的情况。

年轻人或涉世未深的人，常常会害怕自己与众不同……无论是穿着、行动、言谈或思考模式，都尽量与自己所属的圈子相同。小孩喜欢与同年龄的人做相同的事，他们很在乎朋友或玩伴对自己的看法。他们需要被自己的同伴接受——这是他们存在的最重要证据。当我们身处不熟悉的环境，又没有过往的经验可以参考的时候，最好的方法便是顺应一般人的标准——直到我们自己的经验和信心足以给我们力量，然后才能照着自己的信念和标准去做。

但是，就算是基本原则也有受到考验的时候。要想不随波逐流有时并不容易、并不愉快，有时甚至还有危险性。大部分的人宁愿顺应环境，躲在人群当中接受保护，但是，我们并没有体认到，这种安全其实是虚伪的。随波逐流的人心理其实最脆弱，最容易被牵着鼻子走。像追求安全感一样，人们顺应环境，却往往最后变成了环境的奴隶。

其实生活中很多人到了十六七岁的时候，也还不曾自己独立自主思考过；自那以后，虽然也变得稍微懂得一点思考，但是所想的却都是一些鸡毛蒜皮的事，只是在一个劲儿囫囵吞枣地吸收着所读的书的内容，对于朋友们所说的话，也不斟酌是否正确，就一味地接受。与其费尽周折地去追究有真实意义的东西，倒不如顺大流来得省事，这就是很多人懒的思考的原因。由于那样，当发现自己拥有判断力时，已经被偏见误导了，或者虽然自己并未察觉，但是却养成了错误的想法，它已取代了对于真理的追求。

"要是我早点开始用自己的判断来做选择就好了！"这是很多人到了一定年龄后的感叹。为了避免将来后悔，最好及早开始学会自己替自己做主。当然，人的判断不可能永远正确，偶尔也有失误的时候；即使失误，也不要害怕，因为它可以帮你积累经验，而能够弥补这种失误的，就是看书和与人交往。可是，也不能过于相信这两者而囫囵吞枣，因为这两者终究只是上天赋予人的判断力之补助。而良好的判断力来自独立、深入的思考能力。

当一个人一旦立志自我思考，并开始尝试时，对事物的看法就会有惊人的改变。与过去用别人教的想法去看事情，以及把抽象的幻觉误当作真实的事物比起来，此时这个人对任何事物的看法都显得井然有序。

对于头脑里冒出来的想法，首先要重新评估一下，它是否真的是自己的意见。虽然需要花费较长的时间，养成用自己的头脑仔细思考事情的习惯是值得的。首先，你要把现在的想法一一加以检讨，想想看，是自己真的那么想，还是照别人告诉你的去想的？会不会是偏见或错误的信念？就从这些问题开始思考吧。如果没有偏见，希望每个人都能用自己的头脑，听听各种人的意见，想想看是对或错，或者有哪个地方不对，然后再综合各种意见，归纳出自己的看法。

也有人认为：那些不随波逐流的人，通常是一些性格古怪、喜欢哗众取宠或喜欢标榜"与众不同"的人。在这方面，爱默生所采取的坚定立场一向赢得人们的敬重。他在世的时候，有很多从事反奴隶制或其他种种改革运动的人希望得到他的支持，但都遭到拒绝。爱默生当然同情这些运动，也都希望他们能做得好，但他却不认为应该把自己的精神与能力放到这些运动上面，因为那并不是他的专长。他非常坚持这个原则，即使因此遭人误解，也在所不惜。

洛克菲勒曾对儿子说："与他人生活得不一样，这是成功的必要条件之一，而敢于进行尝试的人却非常稀少。我所下的重要决定中的大多数，都不免招致过朋友们的批评。他们全都出自善意警告我，我所进行的一切非常危险，缺少成功的希望，以及我的轻率程度是何等严重。我在取得律师的资格之后，为了进入一家毫不起眼的小公司工作，而辞去大企业的职位时，就遭到了同事的嘲笑。而今天我们的企业都是当时所下决定的直接结果。40岁开始学习开飞艇时，多数人都认为我很无聊，因为当时孩子们还很幼小，但现在因为这一决断，我们一家人常年欢乐陶陶。"

选择并坚持一项并不获人支持的原则，或不随便迁就一项普遍为人支持的原则，都不是件容易的事。一个人不随波逐流，并愿意在受攻击的时候坚持信念到底，的确需要极大勇气。戴尔·卡耐基曾讲过这样一件事：

有一次，我参加某个社交聚会，话题正转入最近发生的某个议题。当时，在场的人均赞成某个观点，只有一位男士表示异议。他先是客气地不表示意见，后来因为有人单刀直入地问他的看法，他才微笑道："我本来希望你们不要问我，因为我是与各位站在不同的一边，而这又是一个愉快的社交聚会。但既然你们问了我，我就把自己的看法说出来。"接着，他便把看法简要地说明了一下，立即遭到大家的围攻。只见他坚定不移地固守自己的立场，毫不让步。结果，他虽然没有说服别人同意他的看法，却赢得大家的尊重，因为他坚守自己的信仰，没有做别人思想的应声虫。

如今，我们生活在一个充满"专家"的时代，从饮食衣着，到教育择业，从生活小事到人生大事，我们都十分习惯于听从身边或媒体上"专家"们的权威看法。这些看法固然可以当作参考，但若是全盘依赖他们，便会逐渐丧失对自己的信心，以致面对选择时无法做到坚持自我。

其实很多人都没意识到，自己其实才是世界上最伟大的专家，因为世界上最了解你的莫过于你自己，而你最应该为之负责的，也是你自己。

面对选择，我们应该记住，时刻保持自己的真面目，对自己负责，因为"人们只有在找到自我的时候，才会明白自己为什么会到这个世界上来，要做些什么事，以后又要到什么地方去……"

5. 头脑会转弯，不墨守成规才能走得更远

社会发展日新月异，墨守成规是不可能有较快发展的。总是习惯于参照经验的人，往往陷入思维定式的怪圈。一个人具有丰富的经验是好事，说明这个人经历的事情多，阅历丰富，办事牢靠。但是如果他一味地依赖经验不知变通，面对选择只会一味依照过往做法，那就难免会陷入思维定式的怪圈。

从本质上说，思维定式其实是活动之前的准备状态，它可以使我们在从事某些活动时根据以往的经验而事半功倍，节省时间和精力；但是，定式心理的存在无疑也会束缚我们的思维，使我们习惯于用固定的眼光看问题，用固定的思维想问题，看不到事物的变化，容易踏入因循守旧的僵局。

卓越者面对选择时不仅善于使用经验，更懂得如何突破思维定式的怪圈，遇事能够具体问题具体分析，避免以头脑瞬间的定式做出反应，让自己犯下因循旧路的错误；不少平庸者也正是没有避免这样的事情发生，总是摆脱不了思维定式的影响，才总是习惯于走"老路"，用过去选择时的经验来面对新的选择，以致成为思维定式的牺牲品。

一个人总是反反复复地走老路并不可怕，可怕的是他墨守成规，不懂得依据实际情况适当地转弯。那么，我们到底该怎么做才能打破思维定式呢？

（1）要学会换个角度看问题

在时间的长河中，年龄的增长让我们增加了见识，增长了经验，可是殊不知，正是这种"成熟"让我们为经验所困，只会从自己的立场出发看问题，不懂变换看问题的角度。

先来看这样一个看故事：

从前，有一个国王，只有一只好眼睛，一条好腿，另一只眼睛是瞎眼，另一条腿是瘸腿。有一天，他召来3个画家，命令他们给他画像。国王说：画得好的有赏，如果画得不好就要杀头。

第一个画家把国王画得很像：国王有一只瞎眼、一条瘸腿。但国王一看，气得直叫，说是有意出他的丑，于是把第一个画家杀了。

第二个画家把国王画得很美，好手好脚，很有精神，像一个美男子。但国王一看，气得更厉害，说是画家讽刺了他，结果把第二个画家也杀掉了。

第三个画家见前面两个画家都被杀掉了，急得直冒冷汗，但他不愧是聪明人，画的画让国王十分满意，国王赏给他很多钱。你知道这个画家是怎样画的吗？

原来，这个画家把国王画成在山上打猎的姿态，国王把猎枪搁在一块大石头上，一只瞎眼闭着，一只好眼瞄准，一条瘸腿跪在地上，一条好腿弓在前面。画家画了国王，却没暴露国王的弱点，所以国王很高兴。

这就是说，第一个画家的动脑角度没有选择好，所以吃了亏；第二个画家一看不好，就转换了一个角度，但这个角度也没有选择好，所以也吃了亏；第三个画家在前面两人角度的基础上，重新又转换了一个角度，结果成功了，也就是角度转换对了。

　　所谓"角度转换"，就是指当原来的办法不能解决问题时，重换一个角度去考虑问题。选择思路变通，进行角度转换，并不是谁都能做到的，甚至可能成功率很低。但是，如果碰到一次角度转换或几次角度转换不成功就灰心丧气，不再努力，那么可以肯定地说，今后这个人任何一项的角度转换都不会成功，自然也难以实现卓越。

　　（2）发现事物的两面性

　　有个老太太生了两个女儿，大女儿嫁给伞店老板，小女儿当了染坊店的主管。于是老太太整天忧心忡忡：遇上晴天，她怕大女儿伞店的雨伞卖不出去；遇上雨天，她又担心小女儿染出的布晾不干。老太太天天为女儿担忧，日子过得很忧郁。

　　后来一位聪明人告诉她："老太太，你真是好福气，下雨天，你大女儿的伞店会顾客盈门；而晴天，你小女儿的布店又生意兴隆，不论哪一天你都应该高兴才是啊！"老太太一想，果真是这个道理，从此，老太太便整天笑容满面，再也不忧郁了。

　　忧和喜是事物给你带来的两种心情，只要你不钻牛角尖，善于从两面或多个角度去思考问题，你就会发现人生没有什么绝路，选择也没那么困难；同样，选择的结果也未必就会像你想的那样绝望。

尼采曾说："没有真正的事实，只有诠释。"最好的东西到了另外一种情境，可能会变成最坏的东西；相应地，你弃如敝屣的东西到了其他人手上，也可能会是无价之宝。因此，当你从好的这一面看，映入你眼帘的会是世界的美好；当你从坏的一面看，只会看到一个千疮百孔的人生。无论从哪个方向看，决定权都在于你，当事情无法改变时，改变看事情的角度，你就会发现，原来负面的背面就是正面。

古时候有一位国王，梦见山倒了、水枯了、花也谢了，便叫王后给他解梦。王后说："大事不好。山倒了指江山要倒；水枯了指民众离心：君是舟，民是水，水枯了，舟也不能行了；花谢了指好景不长了。"国王听后惊出一身冷汗，从此患病，且愈来愈重。一位大臣要参见国王，国王在病榻上说出了他的心事，哪知大臣一听，大笑说："太好了，山倒了指从此天下太平；水枯指真龙现身，国王，你是真龙天子；花谢了，花谢见果呀！"国王听后全身轻松，很快痊愈了。

契诃夫在他的《生活是美好的》一文中的文字让我们看到追求成功路上的安慰："要是火柴在你的衣袋里着火了，那你应该高兴，而且感谢上苍：多亏你的衣袋不是火药库。要是有穷亲戚上别墅来找你，那你不要脸色发白，而是要喜洋洋地叫道：挺好，幸亏来的不是警察！要是你的手指头扎了一根刺，那你应当高兴：挺好，多亏这根刺不是扎在眼睛里！要是你有一颗牙痛起来，那你该高兴：幸亏不是满口的牙痛。"契诃夫在文章最后写道："依此类推……朋友，照我的劝告去做吧，你的生活就会欢乐无穷了。"

契诃夫这篇文章的原标题是"向企图自杀者进一言"，这大概是作者的幽默用语。所有的人都可以在这篇文章中得到启发：快乐和幸福不是由你的地位、你的财富所决定的，而是由你的心境、你的感受所创造的。

人的思维也是如此。如果你在潜意识中认为自己是一个失败的人，你会不断地在自己内心看到一个垂头丧气、难当大任的自我，听到"我不长进、没有出息"这一类的负面信息，然后感受沮丧、自卑、无奈与无能，而你在现实生活中便会"注定"失败；相反，如果你在潜意识中认为自己是一个成功人士，你会不断地在内心见到一个意气风发、神清气爽的自我，听到"你做得很好，但你会做得更好"这一类的激励信息，然后感受到喜悦、自尊、快慰与卓越，结果你在现实生活中便会更容易成功。

同一件事情、同一样东西，因为情境不同、认知不同，就容易产生不同的解读。每一件事都有好多面，每一次选择都不只有一个结果，你从不同的角度去思考，就会发现不同的面貌。

6. 尝试新想法，让创造力帮你打开新天地

在这个世界上，相信没有谁愿意遭遇危机，但是危机和成功就像是孪生兄弟，想成功就避不开危机。正因如此，很多人面对选择才会产生犹豫心理，因为他们害怕面对这种危机。危机可能来自于个人的生理、心理，也可能是来自于外界因素，但无论哪一种，只要你勇于尝试新的想法，发挥你的创造力，认真应对，其实很多难题都能被克服。有道是："塞翁失马，焉知非福？"危机中常常蕴含着转机，关键看你是否善于思考。

（1）积极尝试，才能摆脱困境

"危机"是由两个字组成的。"危"字的意思是"危

险"，"机"字则可以理解为"机遇"。通常，面对选择保守胆怯的人习惯性地只看到"危险"，而看不到"机遇"；那些胆大心细、敢想敢干的人却能拨开危险的迷雾抓住机遇，而抓住机遇后离成功也就不远了。

进一步说，一个人要想成功，就不能止步于解决问题。你不仅应学会正面危机、应对危机，还要努力化危机为转机。成功的机会往往就隐藏在狰狞吓人的假面下，如果你冷静、有胆识，能够审时度势，就一定能揭开假面，享受成功的喜悦；反之，在危机面前胆战心惊、进退失据，危机自然就会成为致命的打击。事实上，出现危机可能正是取得发展与进步的大好时机。

南宋绍兴十年七月的一天，杭州最繁华的街市失火，数以万计的房屋商铺被大火吞没，顷刻间化为灰烬。一位裴姓富商，苦心经营了大半生的几间当铺和珠宝店也被大火所包围。眼看大半辈子的心血即将毁于一旦，但他却没有选择让伙计和奴仆冲进火海帮他抢救珠宝财物，而是不慌不忙不地指挥大家撤离，一副听天由命的样子，令人困惑不解。

事后，裴先生不动声色地派人大量收购木材、毛竹、砖瓦、石灰等建筑材料。不久，朝廷下令重建杭州城，因建筑材料短缺，凡经营销售建筑材料者一律免税。杭州城里一时大兴土木，建筑材料供不应求，价格陡涨，因此裴先生经营建材所得的盈利远远大于被火灾焚毁的财产，原本是一场可能导致破产的大火灾，却变成了积累财富的一个契机。

人生之路哪能一帆风顺？出现危机在所难免。从某种意义上说，危机就是被"逼上了梁山"，置之死地而后生。人们舒舒服服地过日子，远不如在危机的情况下更能发奋。刺刀架在脖子上，全身的神经都会紧张起来，如果连命都豁出去了，倒很有可能拼死一搏而逃生。人们常说要自强不息、发奋图强，其实在很多情况下，没有困难、压力和挑战，"奋"是不容易发出来的。有时，危机就是一支强心剂，它能最大限度地调动人的积极性。

在危机当中，成功者不但设法解决存在的问题，而且努力去改变不利的环境。他们敢于打破传统的观念，尝试新的想法，创造新的办法。

富兰克林·德拉诺·罗斯福担任美国总统期间，面临着两次大危机——世界范围的毁灭性经济危机和世界大战。1932年他在奥格尔索普大学发表过一次演讲，表明了他对于问题采取进攻姿态的决心："美国需要勇气，需要坚持不懈地实验新的道路；而且，如果我没有错误地理解全国的情况的话，它也要求这样做，提出新办法去尝试乃是常情。如果失败了，就坦率地承认失败，再试另一个办法。"

罗斯福信守他的诺言，提出了革新的纲领和社会改革的计划。他这种敢于尝试、不怕犯错误的态度的确导致了某些失败，但是也获得了影响全世界的成功。

当然，你我皆凡人，很少有人会有机会面对一些决定国家生死存亡的选择。但是，大家在面对日常生活中的选择时也可以多一些勇气，多一些坚持，多一些尝试，特别是要学会在困难的时刻如何坚持下去，这对于成功是很重要的。在处理意外事件和问题的时候，一定要坚持，才能把握成功的机会。只要积极去尝试，就一定可以找出摆脱困境的办法的。

化危机为转机首先就要敢想敢干。在平时，敢想敢干、坚持不懈对于处理生活中遇到的问题能够起到巨大的作用。在发生危机的时候，采取勇敢的态度不但有助于解决面临的问题，而且危机所带来的压力常常能最大限度地激发一个人的潜能，使其做出在平常状态下做不到的事情，从而开创出新的局面。

化危机为转机还需要一个人有弹性。无论遇到什么古怪的人或者市场多么恶劣等等一系列的意外，这时，放弃、埋怨甚至号啕大哭都是毫无意义的，只有咬紧牙关继续战斗才能赢得转机。

化危机为转机，是一种方法，更是一种信念，它来自强烈的自信心、过人的勇气和胆识。没有哪家保险公司能为你事业成功提供保险，更没有谁能为你家庭的幸福提供保障。很多选择对于我们来说，都是在摸着石头过河，危机难以避免。所以，如果你能掌握化危机为转机的能力和方法，相信你的人生之路"即使有惊也会无险，就算有险，也会化险为夷"。

（2）发挥创造力，无路也能变成有路

罗曼·罗兰曾经说过："一切生命的意义就在于此——在于创造的刺激。"创造对于人生来说举足轻重，创造者才是真正的享受者，生活中老是踏着别人的脚印走，永远不能发现新的路。

生活中，有时我们感觉自己实在是无路可走，感到世界之大，竟然没有自己的一片容身之地。实际上，路的旁边也是路，如果我们没有创新意识，一味沿着一条路走到黑，当然有把路走烦、走厌、走绝的时候；学会创造，学会创新，你会发现生活中到处都是通往成功的大道，对摆在面前的选择，自然也就不会那么犹豫，反而会跃跃欲试。

大家都知道在衣服、鞋子上有一种一扯即开的"免扣带"，它以方便省时而大受现代人的欢迎。说到它的发明就要提到一个叫马斯楚的瑞典人的故事。

马斯楚就是"免扣带"的发明人，这个发明纯属偶然。

1948年的一天，他和朋友兴致勃勃地去登山。登上顶峰后，他们随便坐在草地上吃午餐。这时，马斯楚突然觉得臀部又痛又痒。他知道这又是鬼针草的"恶作剧"，于是坐不住了，不耐烦地把鬼针草一根一根地从裤子上摘下来，但摘不胜摘。回家后，他把残留在裤子上的鬼针草取下来，想弄清楚它为什么"粘"人，结果发现鬼针草的结构十分特殊。马斯楚顿生一想："如果模仿它的结构，做一种纽扣或别针，那该多好！"

一念之间，一项新发明创造诞生了。马斯楚先生制成了一种合上就不易分开的布，即一块布织成许多钩子，另一块布织成很多圆球，两者合起来，产生拉链的效果。他将其命名为"免扣带"，申请了专利，然后与一家织布公司合作生产。由于"免扣带"的使用范围很广，马斯楚足足赚了3亿多美元。

在生活中被鬼针草的"恶作剧"伤害的人，几乎天天都有，但能从中引出发明创造思想火花的人，马斯楚则是第一人。这是一种联想的感悟，是一种创造思维的魅力，是对生活的一种深刻理解，也是一种稍纵即逝的冲动。感悟是科学发明的"激光"，一旦这种"激光"闪现了，你就要善于运用它去撞击科学发明的大门，敢于去吃"第一只螃蟹"。那些纸上谈兵式的人物，是难于领略创造发明者的喜悦的。

一个好的机遇不会出现两次。机遇来了，你就要选择当机立断地抓住它，切莫失之交臂。马斯楚抓住了机遇，并立即付诸行动，他就获得了巨大的成功。英国作家乔叟说得好："每人都有一个好运降临的时候，只看他能不能领受；但他若不及时注意，或顽强地抛开机遇，那就并非机遇或命运在捉弄他。"因此，当幸运之神与你擦身而过时，请不要怨天尤人，而是要首先反思一下：我是不是缺少一双善于发现的眼睛？

现在的水壶盖子都有个小孔，但在原先，水壶盖子上是没有孔的。带孔水壶盖的发明同样带给我们启示。

日本横滨市居民富安宏雄因身体不适躺在床上辗转难眠。

他很想睡觉，不愿意再想令人不快的事情。床边的火炉烧着开水，被缕缕白色水汽冲着的水壶盖子不停地"吧嗒吧嗒"地响着，好像故意打扰他。

气恼之下，富安拿起床头柜上的锥子用力向水壶掷去，不曾想，那锥子刺中了水壶的盖子，定定地立在壶盖上，没有滑落下去。更奇怪的是，水壶"吧嗒吧嗒"的声音立时停了下来。富安感到很惊异，顿时睡意全无。

充满好奇心的富安这时不想睡了，他觉得一切的苦恼和混乱都消失了，好奇心让他开始在床上大动脑筋。他亲自做了好多次试验，最终证实有个小孔的盖子在水开了的时候就不会发出声音。

碰到这样的事的也许他不是第一人，但他却是唯一一个没有错过机遇的人。在别人看来应该一心养病的富安，并没有安于现状，虽然他被病魔缠身，但一点也没有影响到他的智慧，强烈的好奇心让他发现并抓住了这个难得的机遇。

生活不再乏味，身体也不再感到生病的痛苦，对生活的希望又再度复苏了。他想："我要把这项新创意好好利用，尽量让它开花结果才行！"他拖着病躯奔走了一个多月，终于被明治制壶公司以2000日元买下了他的专利。当时的2000日元，相当于现在的 1 亿日元。

不光是水壶盖，吸尘器、电报机的发明都源于那一刹那的想法。

19世纪的一天，正在旅行的画家莫尔斯偶然看见一旅客用通电的磁铁吸引铁片，他对此产生了莫大的兴趣。他听说电流的速度很快，眉头一皱，为什么不能用电流传递信息呢？从此，这位画家竟放弃了画画，开始研究起电报来，经过不懈的努力，他终于发明了电报机，开创了人类通信的新纪元。

1901年，在伦敦举行了一次除尘器公开表演。这种除尘器就是把灰尘吹跑，演示时扬起的灰尘叫人透不过气来，以失败而告终。当时围观的人群中有一个叫赫伯布斯的，心中一动，吹尘不行，那么吸尘行不行呢？他立即着手实践，很快地发明了吸尘器，获得了意想不到的巨额效益。

其实，很多时候人们并不是不知道自己的灵感有价值，不去做的原因更多的是怕失败或出错。可是他们忘记了任何人做任何事都不能保证一定成功，只要为之努力过、奋斗过，不管结果怎样都是值得敬佩的行为。

不要小看你自己的每一个想法，那些在刹那间迸发的思维火花。也许不仅在别人眼中，就连自己也觉得幼稚可笑和不实际，但请你正视它，你可能因为它取得改变和进步。

我们需要创造，如果不想在墨守成规中等待失败的到来，就要勇于创新。人类文明发展至今，正是依靠永无止境的创新精神。假如上帝用七天时间创造出世界之后，没有将他的创造精神交给我们，而只是把真理交给我们，我们将要谢绝这份礼物，而要费力去把它找到。我们相信真理是可以用创造精神找到的。

创造力是当今世界最不可缺少的能力，创造力能改进现实，书写未来。创造力要求我们换一种思维方式，进一步习惯变化。创造力不受工作时间的限制，同时也和金钱报酬无关，它的目标在于：做到不可能做到的事情，这是创造力给我们提出的最高要求。

松下幸之助说："今后的世界，并不是以武力统治，而是以创意支配。"生活中我们需要创造，创造力是让我们摆脱困境的力量。创造所要求的，是激发人的想象力，以便为明确目标做出贡献，并且便想象出来的结果能发挥作用。

第七章

严防犹豫症，做完美的自己

1. 直觉预防法：相信自己的直觉

直觉，是没有经过分析和推理的直观感觉。是意识的本能反应，不是思考的结果。有人说，做事全凭直觉，那是冲动。没错，任何一件事情都要经过深思熟虑，才能有一个完满的结果。而直觉是大脑不假思索就快速冒出来的想法，有很大的不可靠性。但有一点必须肯定，就是任何一件事，任何一次选择，如果你过度"深思熟虑"，反而增加了选择的难度，会错过最佳选择时间，削减办事的效率。

诺贝尔奖得主、美国神经心理学家斯佩里认为，大脑左右分工不同，而直觉是右脑的活动。我们在做决定时，是右脑的直觉预感及左脑的理性思维之间的相互支撑。可事实是，遇事脑袋里闪过的第一反应，类似常说的第六感觉，是直觉预感，它能快速地做出判断，高效地解决问题，可以帮助减少选择犹豫。

直觉决策的结果看似随意、武断，但事实上，一个人的直觉不是凭空产生的，人的第一反应很微妙，有时可以得出一些意想不到的判断。人的第一感觉是综合了一些我们察觉不到的五官的感受，这种通过潜意识感觉到的细微差别，可能依据的是过去的某个经验，也可能是知识的积累判断，所以如果在做一些简单的、影响范围小的选择时，我们不妨相信一回自己的直觉，跟着感觉走。

试想，为什么现在很多公司都喜欢招募年轻人？不仅是年龄的关系，更因为年轻人不像老员工遇事喜欢瞻前顾后，权衡利弊之后才做决定，而是更具有开拓的勇气。或许有人认为年轻人做事不经大脑，太冲动，太过相信直觉，但恰好就是这份直觉使得他们更能抓住机遇，遇到选择不会过多犹豫——面对一份很好的策划案，一个利润丰厚的项目，谁能快速地决断，抓住机遇，谁就更有可能成为赢家。

目前的心理科学认为，直觉包括知道问题答案，以及由此做出的决策。其实这些能力并不是无缘无故地出现我们的头脑中的，而是我们觉察到外界的变化之后所产生的。这些变化包括人的面部表情和声音语调发生的变化，或者是看到环境中有异样的情况。因此，直觉是一种快速知觉。

现实中有很多伟大的决策，大都源自于企业家的直觉，破釜沉舟的决心和勇气；而许多伟大的商业交易，也都曾经开始于一个预感，或者直觉。

很多人都听说过城邦出版集团CEO何飞鹏的大名，也知道他曾任《中国时报》的财经主管，在台湾地区的媒体圈可谓叱咤风云，但很少有人知道这位风云人物离开自己已经功成名就的媒体圈而独自创业，只是一个五分钟内凭直觉做出的决定。

回顾这段往事，何飞鹏说，当时自己如果继续留在《中国时报》，是可以过得轻松自在，又受人艳羡，可是他内心中一直有个声音在问自己："再过20年后，我会是什么职位？"何飞鹏说，他意识到自己绝不可能是老板，这就意味着自己无法把握自己未来的去向，而"如果无法决定自己的去向，我这辈子都不会快乐"。于是，凭着内心的敏锐和直觉，何飞鹏仅用五分钟就做出了辞职的决定，正是这一决定才促成了台湾地区最大的图书出版集团——城邦出版集团的诞生。

心理学家曾说，直觉具有迅捷性、直接性，它是一种人类的本能知觉之一，虽鲁莽，却最能反映一个人的内心世界及需求。研究表明，直觉适合快捷处理简单问题，使选择更简单，问题得到更快速的解决；这些快速提高了做事效率，增强了选择的成功性。很多名人包括英国王子查尔斯，他们都喜欢凭直觉办事的，而且查尔斯认为，"发自内心的声音是最可靠的行动指南"。

注意，我们这里所说的凭直觉做事，不是盲目。一个人直觉的可靠性，很大程度上都取决于一个人在过去某个领域里学到的知识和积累的经验，加之凭自己的直觉做事反应的是你内心的实际需求，所以凭直觉做事的人，一般不会去后悔。认定目标，不会受其他事物的影响产生主观偏移，这样更坚定了你选择的勇气。尽管我们无法避免凭直觉做事的坏处，但我们有足够的勇气去面对我们人生的各种选择。

虽然做事不能完全凭借直觉，但缺乏直觉的人是痛苦的。

美国南加州大学心理学家安托恩·贝卡拉研究了一些大脑损伤的患者，他们做决定的时候因无法运用直觉，只能通过有意识的思考，把各种因素都分析一遍。即便让他们做最简单的选择，他们都会花掉几个小时的时间。几个小时是什么概念？就是说在别人已经做好了选择开始付诸实施甚至已经做完了的时候，你还在面对选择犹豫不决。

在人生的每个阶段，我们可能都会遇到一些难以抉择的事，都会被各种选择煎熬、困惑，左冲右突，却总也找不到出路。此时，面对问题，我们需要直觉的快速决定，也需要理性分析的完美解决；而凭直觉选择，能让你快速突围。尽管我们不能确定这样做出的选择合适与否，但至少我们为自己争取了时间，其实也是给自己争取了更多选择的机会。

所以说，相信自己的直觉，是预防选择犹豫症的最迅捷、最直接的方法。它能让人快速地对各项选择做出决定，减少时间损耗，提高选择的效率。

其实，用直觉做事也是经验积累的结果，我们要相信自己，相信自己的直觉，为自己的人生做最好的选择。

2. 安排预防法：分清主次，合理安排

　　做选择其实并不难，只要你能掌握方法，而合理安排主次就是有效的方法之一。如果一件事情能够合理安排，定能收到意想不到的好结果，而这个好的结果会增强再次选择的欲望，由此产生的积极心态，会让我们面对选择时，减少敌对心理，这其中就包括犹豫症。

　　哪些计划着急？哪些计划可以推后？该如何更好地完成任务？我们的大脑每天都会被这些选择困扰，而生活水平的提高，使我们在物质生活极大丰富的同时，也增加了需要我们选择的量数。

　　当我们发现要做的事情太多，但时间仓促，以致弄得自己

头昏眼花，也根本无法快速做出适合自己的选择时，那就尝试着将你手中的各种选择做一个列表，进行主次分类，要事优先，找出最紧要的事情，最后付诸行动。这是严防犹豫症最实际的方法之一，因为任何事只有去做了，付诸行动了，才能不被犹豫症围剿，处处受敌。

选择出紧要的并优先完成，可能要花费我们多一些时间，但正是因为这些事很重要，完成后所产生的成就感也就越大。而这种成就感必然会削弱后面选择的难度，增强再次选择的欲望。

也许一开始运用这样的方法时你会有些不适应，不要急，慢慢来；努力一小步，成功一大步，所有的成功也是一步步积累而来的。这样的行为准则，锻炼了你的行动力的同时，也将使你变得强大。因为当你已经完成一项目标时，你会发现一切都在你的掌控之内，发展平稳，水到渠成。一次很好的选择，可以更好地利用时间，而善于利用时间的人，必定是一位高效率的成功者。

王聪是一名职业经理人，他做事情一直很有规律性，而且善于利用点滴的时间。

每天，从早晨刚刚睡醒，直到抵达公司大门前的这段时间，他都喜欢将手中一件件重要的工作进行整理。经过一路的筛选、整理、分类，到公司后，他对当天需要完成的任务已经了如指掌。进入办公室后，接着对归类好的工作，按主次之分，进行逐一安排，这样既节省了时间，效率也出来了。

很多人都夸王聪年轻有为，事业成功，而王聪却总说，自己成功的秘诀就是在工作任务的分配、布置上，能把握轻重缓急，能够分清主次。

事实上，在公司发展的每一个阶段，都有主要工作或重点工作。作为管理者需要突出重点，并能准确而又快速地抓住这些重点和中心，并根据工作的重要性确定先后次序，进行合理的安排。

也只有这样，员工才不会无所适从，不会手忙脚乱。反之这种混乱的状态必然导致工作效率的降低，不出成绩。

事有"本末""轻重""缓急"之分，而我们只有合理地安排各种事情，才能更快、更好地完成任务，达到事半功倍的效果。

就像王聪，因为擅长合理安排，不仅让公司运营顺畅，更让自己备受赞赏。这种鼓励与激励必然诱发王聪再次选择的欲望，也促使他更加卖力地干自己的工作。因为每一个人都渴望得到成功。

年轻是最好的资本，但只有合理安排自己的人生，才能让你的青春大放光彩，活出青春最好的姿态。而且我们也必须懂得，很多时候，不是我们没有时间没有能力去做一些事情，而是没有珍惜时间，将事情合理地安排，然后去高效地完成任务。

敢于选择，善于选择，这不仅是一种勇气，更是一种能力。卡特之所以被戏称为"最繁忙"的美国总统，就是因为他总是为了掌握所有问题的第一手资料，而将自己困于诸多细节中，最终被细节牵制，影响了工作效率，以至于成为第二次世界大战以来，在包括尼克松总统在内所有总统中支持率最低的一位。

分不清轻重和主次，抓不住重点，导致工作效率低下，由此产生的颓废心理，必然让你在下一次选择时感到犹豫。因为看不见成绩，也就无法产生再次选择的欲望，以获得心理平衡。

而事实上，犹豫症并不可怕，就怕你不敢面对，不想面对，以致错失了人生良好的选择机遇。那么，我们所说的安排预防法实施起来需要哪些步骤呢？

第一，明确目标。首先，你要知道自己想要什么，这样才能区分出主次，实施要事优先的原则。

第二，果断放弃。分清主次，懂得筛选之后，你会发现有些事情对你来说根本无足轻重，即便放弃了，所产生的后果也没你想象的那么严重。

第三，选择从简。越是简单的选择越不会占用更多的时间和精力，这可以为我们后续的选择提供便利。

工作的模糊性，会增强它在我们心目中的难度，减少选择的欲望，导致犹豫症的产生。如果你能分清主次，将工作进行整理、分类、计划、规划，前路会更加清晰明了。处理事务若分不清轻重缓急，是对工作的不负责任。它不单影响工作效率，还大大削减了选择的主动性。

而只有目标明确，我们才不会迷路，才不会走更多弯路！

如果你没有想好自己将要走的每一步，即使有再多的宏伟目标也只能停留于计划，浪费了好的选择机遇，更浪费了有限的时间和精力。若是你不努力选择成功，成功是不会来找你的。

　　人生教会了我们要学会在最短的时间内，花费最少的精力取得最高效的成绩。这是最好的生活模式，请拿起你的笔，现在就开始做选择题吧！

3. 得失预防法：对你的得与失，进行排序

面对选择，你总是犹豫不决，不敢轻易决断，你在怕什么呢？事实上，很多犹豫症患者是因为将得失看得过重，才导致不敢选择。

其实，在人生道路上，失去并不都意味着缺憾，而得到也未必都圆满。当我们为未来打拼时，难免碰到挫折和失败，当你为失败而痛苦时，其实，你已经获得了一份宝贵的经验。你要懂得，人生其实就是一连串的得与失。而得与失对于任何人而言，并没有绝对的定义。

只要你不过分计较得失，人生中就没有什么困难是不能克服的。而当你面对各项选择的时候，如果你不去过分计较得

失，就会花更多的精力在努力上。

其实，一般人的思维方式却都是先看见"失"，才看见"得"。所以在排序得与失的问题上，我们常把"失"放在前面，把"得"放在后面，先看失去什么，再看得到什么。这样的次序往往会扰乱你的思维，阻碍你的判断。实际上，能坦荡面对得失，是需要具备良好的心态和极高的境界的。

事实上，得与失总是公平的，大得大失，小得小失，不得不失；可犹豫症患者却固执地认为，得到便是长久，而失去便是一辈子再也无法获得。事实并非如此，因为就整体而言，你"得"与"失"的只是得到一部分，而这些得到与失去都不是长久的，都会随着时间而改变。

所以，无论失去或得到，都需用我们用一颗平常心去面对，过分计较并不意味着你就一定能得到，反而会大大削减你选择的欲望，让你错误地认为，无论做与不做都是一个结果，那么还不如不做，至少自己不会有所损失。抱着这样的想法面对选择或是生活，那你也就只能在原地踏步了。

举个简单的例子，很多大学生在进入大三时就会开始考虑是要找工作还是考研的问题，而等到毕业季时，学生们就基本分成了几类：找到了合心意的工作的；如愿考上研究生；通通失利却依然充满斗志的；还有就是仍然不知该何去何从，对前途感到一片茫然的。这最后一类人，有一些是犯了选择拖延的毛病，总以为时间还多，自己还可以再等等再行动，而更多的人是因为得失心过重而导致的犹豫不决：因为衡量不出找工作和考研孰轻孰重，以致不敢轻易选择，也不愿付诸任何一方面的行动，因为不想白费力气，让自己"吃亏"；犹豫到最后的结果，就是工作没好好找，考研也没好好准备，看着别人都有了着落，自己悔之晚矣。

对于人生，我们要勇敢选择，而得与失只是一种概论，并不是一件事情的确切答案。人的一生，无论生命还是财富，一切的一切，皆可用得失二字来衡量。但任何事都有多面性，我们需要看清事实。如果太过计较得失，那可能你只会得到不该得到的，同时又失去了自己本不该失去的，而这样的结果只会增加你对再次选择的恐惧，导致再也不敢去选择。

有些东西只有在失去后，才会感觉到拥有的价值，才会领悟得来的珍贵；有些东西只有在得到后，才会懂得失去的痛苦，才会感觉到存在的意义。可犹豫症患者不愿承受失去的痛苦，他们将得与失看得比较重，害怕失去，而导致了选择上的犹豫。

当然，说了这么多，大家也不要误会，认为有得失心是错事。事实上，我们除了生命无法左右外，其他的一切，财富、能力、知识的摄取，这些都能通过努力去得到。如果没有得失心，看待事物时就会表现得漠然、不积极，甚至错误地认为，即使再努力，最终也不过是一抔黄土，而即使做一只井底之蛙，照样可以吃吃喝喝混过一生，还要什么海阔天空。这种不积极的心态削减了他们对人生的主动性，使得他们得过且过，碌碌无为。

其实，人的一生中，根本没有绝对的得，也没有绝对的失。你得到一件东西时，可能就会失去另一件东西，比如你做一次选择时，失去了时间与精力，但你得到了因选择所带来的快乐，或是一些特殊的体验。一次的失去，也许是一个得到的开始。

人的一生，看清看透得与失，如何在失去与得到中寻求平衡点，是预防选择犹豫症最好的方法；学会主动出击，人生才会变得坦然、豁达。其实凡是能够得到的，同样也有可能会失去，所以面对人生的各种选择，我们不要害怕，更不能产生恐惧；因为每一步的人生，都有每一步的意义，它将教会你如何成长，如何面对生活，活出自己的精彩。

4. 心理预防法：增强自信，勇于担当

当今社会竞争越来越激烈，面对生活和工作中的压力，很多人养成了逃避责任的习惯，事实上，越逃避就越躲不开失败的命运，越敢于迎头而上才越能品尝到成功的甘甜。

可是，在工作中仍然有很多人喜欢逃避，不敢去面对人生，更不敢去选择自己想要的生活；他们担心犯错，害怕失去，害怕走弯路。其实人的一生，本就是一个成长的过程，得到与失去都是一种历练。更何况，逃避行为只能让你暂时脱身，却不能永远为你提供避风的港湾；而只是龟缩在自认安全的角落里，不肯冒一点风险，也会让你错失人生很多的美好。

只有自信才能打败懦弱，只有勇于担当，才能面对每次选

择对我们的考验；尽管这是一条漫长而又艰辛的路，但人总要学着长大，而成长的代价，就是要学会独立，学会选择，有担当。勇于担当，不仅要勇于担当人生给你的一次次选择与考验，更要勇于担当每次选择给你带来所有后果，包括赞扬，也包括责备与指责。如果你为某项决定而犹豫不决时，很可能就失去了一次成功的机会。也只有勇于担当，才会收到意想不到的惊喜。

赵北现在是一家日用品公司的市场部经理，而几年前，他还只是个普通的业务员。三年前，为了打开南方市场，公司打算派业务员去南方A省沿海地区拓展业务，但是大家都知道，因为地方风俗习惯还有气候等原因，那个地区一向是业务扩展的难点，去那里可以说是吃力不讨好；所以，在动员大会上，老业务员都纷纷推拒，新业务员不敢尝试。就在这时，赵北站了出来，主动承担了任务。

开完会后，有熟悉的同事找到赵北，问他是不是不知道那里的情况，可赵北却说，自己听说过。大家更奇怪了，问他为什么"明知山有虎偏向虎山行"，那个地区可是出了名的难搞；赵北却笑笑说，可是，有时机遇就藏在这些看似困难的地方。大家见劝不动他，也就不说什么了，但是，背后难免有人议论，说赵北简直就是不知好歹，等撞得头破血流就知道后悔了。

不管大家说什么，赵北就这样满怀信心地出发了。到了A省之后，赵北发现，这里的"难搞"真是名不虚传，哪怕自己再努力、再懂得技巧，一个月过去还是一无所获。不过，赵北并没有因此气馁，他努力改进自己的业务推广模式，尽量让自己"入乡随俗"，以当地人更能接受的方式来开展业务。在赵北的努力下，几个月后，他终于有了第一笔订单，虽然数额不大，但也让赵北激动得热泪盈眶。

就这样，赵北像是拓荒牛一样，一点点辛勤地开拓着市场，虽然他每单的业务金额仍然无法和其他业务员相比，但是这代表的意义却绝然不同。两年之后，赵北被公司总部召回，成为新任的市场部副经理；半年后，升任市场部经理。公司之所以作出就这样的决定，看重的就是赵北勇于承担的魄力与勇气，正像赵北说的那样，是他用挑战困难的勇气为自己赢得了机遇。

每个人都应有勇于承担责任的勇气。如果一个人因为怕犯错误而选择放弃，那无疑会让自己一次次与成功擦肩而过。而赵北的这份勇敢，就来源于他的自信，他相信自己的能力，同时也相信自己有战胜困难、百折不回的勇气。

经济快速发展，外面的世界充满着挑战，充满着诱惑，这无形中加大了选择的难度。不管面对怎样的选择，我们都需要树立信心，勇敢地跨出第一步。所有的事情，只有去做了，才会有希望；未来怎样，只有你勇敢地走下去，才有资格讨价还价。

其实，有些时候承担责任也是一种荣誉，就像赵北一样，公司肯把A省的业务交给他，从某种程度上来讲，也代表着公司对他的信任，而我们要做的就是像赵北一样抓住一切可利用的机会，付出百分之百的努力，而不是推卸、退缩。或许你此刻的选择，就决定了你今后的人生，因为你怎样对待人生，人生就会回报你什么。而怕选择，不敢承担责任，机会也永远不会降临到你的头上。正如赵北，如果当初他如其他人一样选择退缩，又怎么可能有今天的成绩？

在众多选择中做出自己的决定，这不仅是一种选择的能力，更是一种敢于承担责任的勇气。犹豫症患者总因为心智薄弱，缺乏自信与勇气，做事情瞻前顾后。其实，做任何事，做任何选择，都会有风险，犯错更是难免，但既然是自己选择的路，就要坚持将它走完，这就是一份难能可贵的自信。

这世上没有绝望的处境，只有对处境绝望的人。通过努力，增强自信，你要相信自己什么困难都能克服，什么事情都难不倒你。当你内心萌生对梦想的渴望时，就应积极地迈出实现它的第一步，千万不要等待或拖延，也不必等待具备所有的条件再出发。因为只有勇敢与自信，才能为你创造无限可能！

5. 奖励预防法：学会及时给自己奖励

星爷的《大话西游》中曾有一段广为流传的经典对白：如果上天再给我一个机会，我会对那个女孩说三个字，我爱你。

生活中我们也常常会听到一些人说，如果重来一遍，我会怎样怎样。可是，为什么要如果呢？为什么不可以是现在？为什么不能现在就去做你热爱的事情，走你自己想走的人生道路？面对选择，为什么你不能抓住机会，反而犹豫不决，徘徊不定呢？

尽管有时选择并非易事，但也不是天大的难事。你应该看到人生美好的一面，自我优秀的一面，要相信自我的力量。这世间没有爬不过的山，也没有蹚不过的河。学会自我鼓励，自我嘉奖，会让内心沉浸在一种幸福的状态中，这会在无形中让人增加选择的勇气，并相信肯定有更好的人生在等着自己。

每个人都应该学习一些奖励自己的技巧，比如，跟你亲近的人约好，录一段夸奖自己的话，如果自己勇敢选择并取得了成绩就放给自己听；再比如，如果勇敢做了选择，不管结果如何都给自己买个小礼物，或者先为自己选好礼物，等自己坚持选择并有了成绩时就送给自己……让自己尝到了因勇敢选择而带来的幸福，这样会大大增强个人的自信感，从而提高选择的主动性，也为下次选择增强了信心。

其实，任何人面对任何工作都会有一个疲倦期，烦躁，抗拒，觉得自己一生从未如愿过，此刻你就要学学楚歌，适时地给自己一下小奖励。

楚歌是一名室内设计师，她有一个习惯，每当面对一项高难度工作时，就喜欢买束自己喜欢的花或植物放在自己的桌上，她说这样不仅会心情愉悦，也大大提升了自己的工作士气。

有一次，一个客户要求一周之内就交出设计方案，时间紧，这个客户又摆明了很挑剔、难缠，公司很多设计师都不愿接受这项工作；但老板把这项任务分配给楚歌时，她并未推拒，而是选择了接受，并在一周后顺利完成了方案，而事实上，这已不是她第一次接受这种"临危受命"的工作了。

项目奖金发下来后，楚歌请同事去吃饭。饭桌上，大家问楚歌，你常常做这种"高难度"工作，不觉得压力很大吗？不过看你都完成得那么好，是不是有什么秘诀啊？楚歌笑着说："当然有秘诀。我的秘诀就是，记得要给自己奖励。"

楚歌说，其实每次接项目时，我都没有十足的把握，有时也会犹豫甚至想过拒绝，更别提在完成过程中也不可能一帆风顺；但是每次遇到困难时，我都会给自己鼓劲，告诉自己"你行的""你一定可以""你是最棒的"，然后还会预先给自己设计一个个小目标，并设置好完成每一个目标的奖励。比如，做完这家厨房的设计就奖励自己吃街角那家最喜欢的榴梿蛋糕，做完那家客厅的设计就奖励自己晚上放松一下去看一场电影……等到项目完成，拿到奖金，再给自己一个大的奖励。上次那个项目完成后我给自己的奖励是跟家人一起去北京旅游，而今天这顿饭也是我给自己的一个奖励，我可是想吃这家海鲜餐厅的龙虾想了好久了！

我们说，尽管每个人患上犹豫症的原因各有不同，但是楚歌的做法无疑很具有借鉴意义。心理学家认为，学会适时地奖励自己，自我激励，对于预防甚至治疗犹豫症会产生意想不到的效果，因为人开心的时候，会刺激体内的细胞发生奇妙的变化，让人获得新的动力与勇气。

美国哈佛大学的威廉·詹姆斯也发现，一个没有受过激励的人，仅能发挥其潜力的20～30%，而当他受到激励的时候，其潜力可发挥至80～90%，即一个人在通过的激励后，所发挥的作用相当于激励前的3～4倍。由此可见，学会适时地鼓励自己，是一件多么重要的事情。

"我们的大脑里都藏着一个小孩。"既然是小孩，就会喜欢奖励。所以，适时地给自己积极的奖励，会让你心情更加愉悦，信心大增，行动上也更加积极主动。

不过值得注意的是，你在选择奖品的时候，奖品一定要是自己喜欢的，极其渴望得到的，这样才能激起努力的欲望，这种欲望会大大增加选择的成功性；并且奖励也需要及时兑现，空头支票，延期兑现，只会让自己感到倦怠、失望。

人们常说，生活中暂时的不顺利，只是为了让你有机会证明你自己也可以很强大；逆境，坎坷都不可怕，只要一直坚信，人生所有的高低起伏、迂回曲折，都是为了最后那个更好的自己，就能有所收获。道理谁都懂，但是要执行起来并不容易，而如果我们能适时地给自己鼓励，就能增强自己的勇气，让自己面对选择时变得更勇敢，不会再因怯懦而犹豫不决。让自己勇敢地选择，对生活主动出击吧。